权威·前沿·原创

皮书系列为

“十二五”“十三五”国家重点图书出版规划项目

长三角地区经济发展报告（2018~2019）

ANNUAL REPORT ON THE ECONOMIC DEVELOPMENT OF YANGTZE RIVER DELTA (2018-2019)

主　编／王　振

社会科学文献出版社
SOCIAL SCIENCES ACADEMIC PRESS (CHINA)

图书在版编目（CIP）数据

长三角地区经济发展报告．2018－2019／王振主编．--北京：社会科学文献出版社，2020.1
（长三角经济蓝皮书）
ISBN 978－7－5201－5867－1

Ⅰ．①长…　Ⅱ．①王…　Ⅲ．①长江三角洲－区域经济发展－研究报告－2018－2019　Ⅳ．①F127.5

中国版本图书馆 CIP 数据核字（2019）第 278893 号

长三角经济蓝皮书
长三角地区经济发展报告（2018～2019）

主　　编／王　振

出 版 人／谢寿光
责任编辑／吴　敏

出　　版／社会科学文献出版社·皮书出版分社（010）59367127
地址：北京市北三环中路甲 29 号院华龙大厦　邮编：100029
网址：www.ssap.com.cn
发　　行／市场营销中心（010）59367081　59367083
印　　装／天津千鹤文化传播有限公司

规　　格／开　本：787mm×1092mm　1/16
印　张：14.75　字　数：220 千字
版　　次／2020 年 1 月第 1 版　2020 年 1 月第 1 次印刷
书　　号／ISBN 978－7－5201－5867－1
定　　价／128.00 元

主要编撰者简介

王　振　1998 年毕业于日本京都大学农学部农林经济学系，获博士学位。2001 年上海社会科学院应用经济学博士后流动站出站。现任上海社会科学院副院长、研究员，产业经济学博士生导师，主要从事长三角及长江经济带区域经济发展、人才战略与政策、创新发展等问题研究。任上海市政协委员、市政协社会与法制委员会副主任，上海市城市规划学会副会长、上海市人才研究会副会长。主编“长三角经济蓝皮书”“长江经济带蓝皮书”。获得全国留学回国人员成就奖、上海市领军人才、国务院政府特殊津贴等荣誉。

摘 要

长三角地区包括上海、江苏、浙江、安徽三省一市，常住人口 2.2 亿，是全国的 1/6，2017 年经济总量约 20 万亿元，占全国 GDP 的近 1/4，是我国经济增长的重要引擎，在我国经济社会发展建设中具有举足轻重的影响和地位。2018 年 11 月，国家主席习近平在首届中国国际进口博览会开幕式发表演讲时提到，支持长江三角洲区域一体化发展并上升为国家战略，着力落实新发展理念，构建现代化经济体系，推进更高起点的深化改革和更高层次的对外开放，同“一带一路”建设、京津冀协同发展、长江经济带发展、粤港澳大湾区建设相互配合，完善中国改革开放空间布局。成为国家发展战略，意味着长三角一体化发展开启新一轮大发展，沪苏浙皖将进一步加深合作，着力将长三角地区建设成为我国发展强劲活跃的增长极，成为全球资源配置的亚太门户，成为具有全球竞争力的世界级城市群。

《长三角地区经济发展报告（2018 ~ 2019）》是“长三角经济蓝皮书”的第一本，也是上海社会科学院长三角智库创新团队组织研创的国家高端智库成果之一。本书以长三角地区整体发展为研究对象，分为总报告、指数篇和产业篇三大部分，重点对 2018 ~ 2019 年长三角地区经济发展态势做比较全面的梳理。运用统计数据和政府报告资料，一方面，对长三角地区主要城市的科技创新和产业转型进行综合评估和排名；另一方面，对长三角地区工业、农业、服务业、金融业、旅游业等进行全面梳理。这些指数的发布和对主要产业及城市发展的研究，对于长三角地区新一阶段的发展具有重要的决策参考价值。

指数篇构建了“长三角地区科技创新驱动力”指数和“长三角地区产业转型升级”指数。“长三角地区科技创新驱动力”指数基于 AHP-EVM 模型设置主客观综合指标权重，得到科技创新驱动力综合指数，包含科技创新投入、科技创新载体、科技创新产出、科技创新绩效4个专项指数，以及10个二级指标得分，全面、系统地评价了长三角地区41个城市的科技创新驱动力。“长三角地区产业转型升级”指数通过构建产业转型升级指数指标体系，对各城市产业转型升级综合指数以及结构优化、质量提升、产业创新、环境友好四个分领域分别进行排名。

产业篇运用最新统计数据，对长三角地区农业、工业、服务业、金融业和数字经济等主要行业2018年运行情况进行全面动态分析，并结合国内外经济发展环境和趋势，对2019年主要行业发展进行了展望。其中，工业发展报告指出，2018年长三角地区工业生产稳步增长，工业投资持续回升，细分行业差异明显，利润总额增速下滑。服务业发展报告指出，2018年长三角地区服务业实现了较好较快发展，服务业占比不断提高，固定资产投资增速回暖，对就业拉动能力进一步增强。金融业发展报告指出，长三角地区积极顺应国家政策要求，加快改革和创新步伐，金融业整体实现了平稳发展。数字经济发展报告指出，长三角地区在数字经济基础部分的发展中有着良好的传统基础，2018年，该地区的电子信息产业保持了较快的增长速度，增速超过10%；对经济增长的贡献较为突出，数字经济占GDP的比重也超过10%。旅游业发展报告指出，长三角地区在推进全域旅游、乡村旅游、红色旅游、工业旅游等领域不断探索，取得了较好的成效。

关键词： 长三角地区　产业　科技创新驱动力　产业转型升级

目 录

Ⅰ 总报告

Ⅱ 指数篇

Ⅲ 产业篇

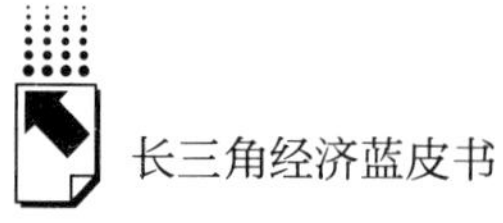

皮书数据库阅读**使用指南**

总 报 告

General Report

B.1 2018 ~2019年长三角地区经济发展分析与展望

王 振 薛艳杰*

摘 要： 长三角地区是我国综合经济实力最强、一体化水平最高的地区之一，在我国区域发展格局中具有举足轻重的战略地位。本文主要基于相关数据资料，从总体概况、重点产业、增长动力三个方面分析了2018年长三角地区经济发展情况；基于战略机遇和主要挑战分析，对2019年长三角地区经济运行进行初步展望，主要结论为：2018年长三角地区经济增速继续下滑，但仍保持领先于全国和世界经济的态势；地区经济总量突破20万亿元，对全国经济总量的贡献份额基本稳定；经

* 王振，上海社会科学院副院长、研究员，主要研究领域为区域经济、中小企业、人才发展等；薛艳杰，上海社会科学院城市与人口发展研究所副研究员，主要研究领域为区域经济、农业农村发展等。

济总体发展水平较高，但地区差距较大；产业结构稳步升级，新兴产业对区域经济的支撑和拉动作用增强，但产业基础及重点产业发展情况存在较明显的地区和行业分异；投资、消费和出口三大需求增速出现不同程度的下降，拉动力减弱，但内部结构渐趋优化。2019 年长三角地区既迎来新的战略机遇，又面临更为严峻的挑战，区域经济下行风险增大。

关键词： 长江三角洲地区　经济发展　产业发展　增长动力

2018 年，长三角地区迈入一体化发展的新时代。年初在上海成立了三省一市合署办公的长三角区域合作办公室；4 月，习近平总书记做出重要批示，要求长三角地区“聚焦高质量”“聚力一体化”实现更高质量的一体化发展；6 月 1 日在上海召开的三省一市主要领导人座谈会上，推出了四地共同编制的“长江三角洲地区一体化发展三年行动方案”；11 月 5 日在首届中国国际进口博览会上，习近平总书记提出，将支持长江三角洲区域一体化发展并上升为国家战略。

2018 年，世界经济发展的不稳定因素增多，特别是中美贸易摩擦引发了从未有过的新挑战；我国经济运行保持在合理区间，但增速下行带来的压力与挑战也在增大。2018 年长三角地区经济发展总体保持领先于全国的增长态势，实现了平稳较快增长，地区经济总量和经济发展质量稳步提升，新旧动能转换加快。长三角三省一市以占全国不到 4% 的土地面积，集聚了全国 16% 以上的常住人口，产出了全国近 24% 的生产总值，区域经济发展水平主要指标居全国前列，在我国区域发展战略格局中发挥着重要的支撑和引领作用。

2019 年，长三角地区一体化发展全面启动。5 月 13 日，中央政治局会议审议通过了《长江三角洲地区一体化发展规划纲要》，标志着长三角一体化发展进入国家推动的新阶段。5 月 22 日，在安徽芜湖召开了三省一市主要领导人座谈会，对落实国家规划做出了具体部署。此后三省一市纷纷行动，制定并落实各地的实施方案。各地围绕高质量、一体化两大关键，围绕强劲活跃增长极的部署，以深化改革开放为动力，对稳增长、强活力产生了积极而又有效的影响。

一　2018年长三角地区经济发展概况

2018 年，长三角地区经济继续呈下行走势，但年度内运行比较平稳，并保持领先于全国的较快增长态势；地区经济总量稳步上升，对全国经济的贡献份额基本稳定；地区综合发展水平居我国前列，但地区内部差异较大。

（一）地区经济平稳增长，增速延续缓慢下行

2018 年，长三角三省一市经济运行整体呈下行走势。年内各季度，地区经济总体呈现先增后降的发展走势，年末经济增速低于年初，全年三省一市地区生产总值平均增长 7.1%，较上年地区经济增速下降 0.5 个百分点，降幅较上年扩大。但是，2018 年长三角地区经济增速仍保持领先于全国和世界经济的态势，年度内地区经济增速变化幅度较小，总体实现了平稳较快增长（见图 1）。

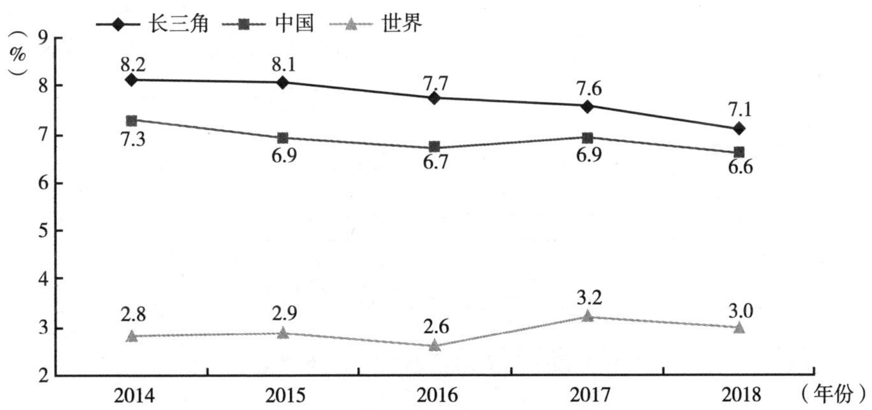

图 1　2014～2018 年长三角地区经济增速及与全国和世界经济比较

资料来源：2014～2017 年全国及长三角数据来自全国及各省份 2018 年统计年鉴；2018 年全国及长三角数据来自全国及各省份 2018 年国民经济和社会发展统计公报；世界经济数据来自世界银行数据库；后文数据若无特殊说明来源相同。

分地区来看，2018 年各季度，长三角各省市经济增速总体呈现下降走势，年末经济增速均低于年初，全年经济增速相对上年均不同程度下降。2018 年，长三角三省一市间的经济增速差距进一步缩小。2014 ~ 2018 年，上海、江苏、安徽三省市经济增速总体均呈逐渐降低态势，浙江省经济增速波动式变化，但 2018 年经济增速低于 2014 年（见图 2）。

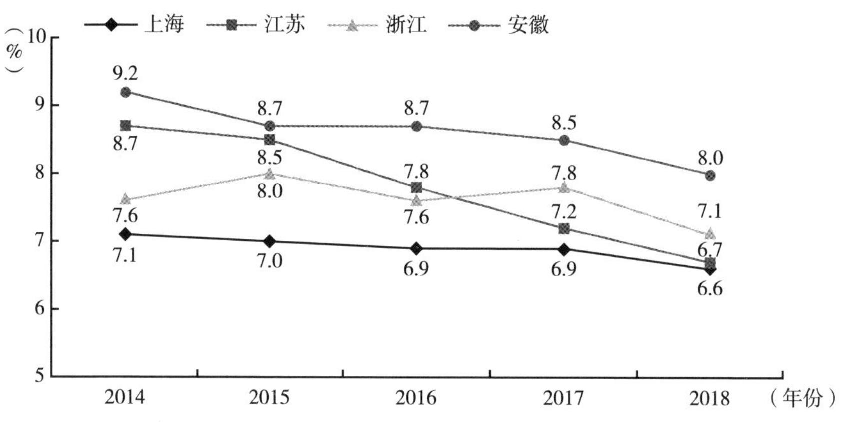

图 2　2014 ~ 2018 年长三角三省一市经济增速变化

全国比较，2018 年长三角三省一市中，上海市经济增速与全国持平，其他三省经济增速均高于全国（见图 3）。在我国大陆 31 个省级行政区中，2018 年安徽省、浙江省、江苏省和上海市的经济增速分别居第 7 位、第 13

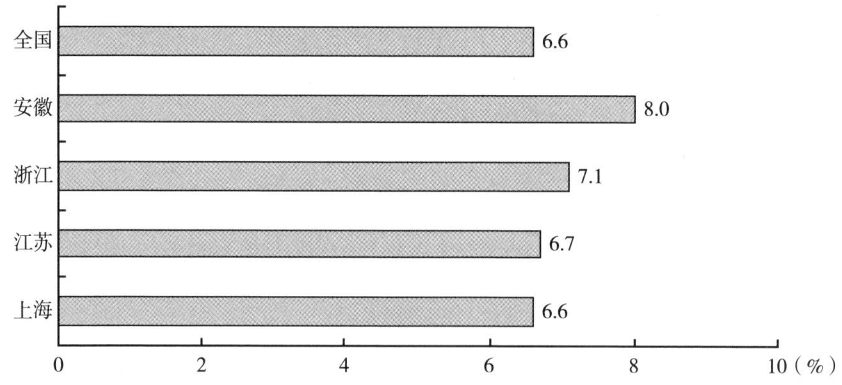

图 3　2018 年长三角各省市经济增速与全国比较

位、第17位和第20位。与上年比较，安徽、浙江两省经济增速排序略降，江苏、上海两省市经济增速排序前移。

（二）地区经济总量上升，全国占比基本稳定

2018年，长三角地区经济总量再上新台阶，达到20万亿元以上。全年，三省一市共实现地区生产总值约21.1万亿元，较上年增加1.6万亿元以上，2014～2018年，年均增量约1.5万亿元。2018年，长三角地区生产总值约占我国国内生产总值的23.5%，比重与上年基本持平。2014～2018年，长三角地区经济对全国经济总量的贡献份额基本稳定（见图4）。

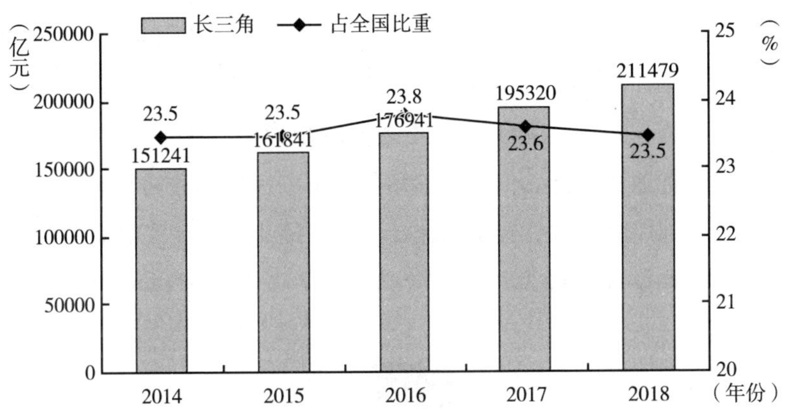

图4　2014～2018年长三角地区经济总量及占全国比重变化

近年，长三角各省市经济总量均呈逐年稳步增长态势。2018年，江苏省地区生产总值突破9万亿元，稳居长三角三省一市首位，居我国大陆31个省级行政区第2位；浙江省地区生产总值约5.6万亿元，居长三角三省一市第2位、我国大陆31个省级行政区第4位；上海市地区生产总值约3.27万亿元，居长三角三省一市第3位、我国大陆31个省级行政区第11位；安徽省地区生产总值突破3万亿元，居长三角三省一市最末位，我国大陆省级行政区第13位（见图5）。

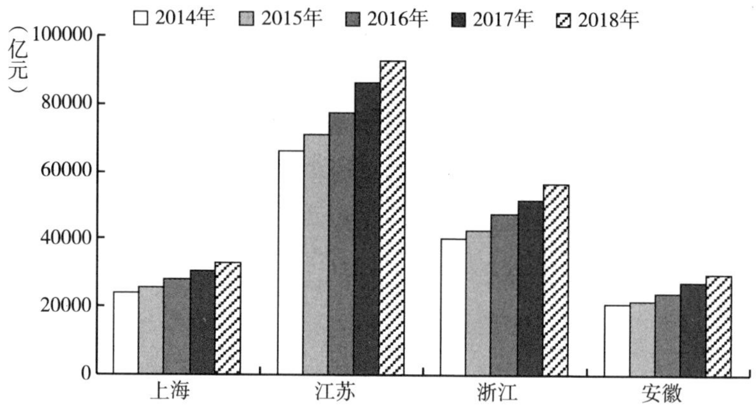

图5　2014～2018年长三角各省市生产总值变化

2018年，长三角三省一市经济总量规模大致形成3万亿～4万亿元、5万亿～6万亿元和9万亿～10万亿元三个梯度。近年省份之间经济规模差距总体呈拉大趋势，其中最大和最小经济体的规模差距明显拉大（见图6）。虽然近年安徽省地区生产总值在长三角各省市中保持领先增长态势，但由于经济规模的基础差距较大，经济增速差距较快缩小，近年安徽省与江苏省的地区经济总量差距逐年拉大，2018年差额达6.2万亿元以上，江苏省与浙

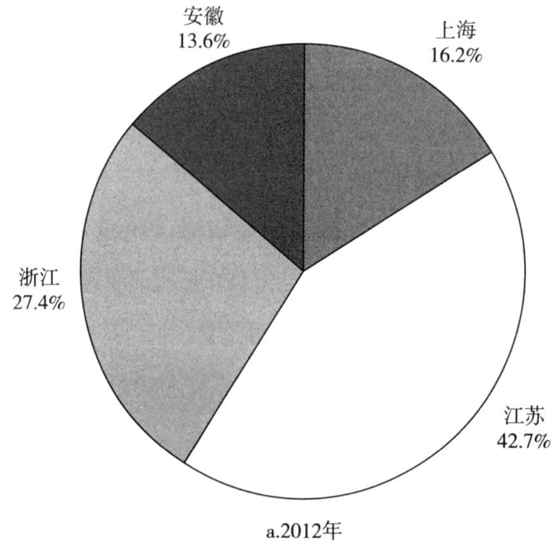

a.2012年

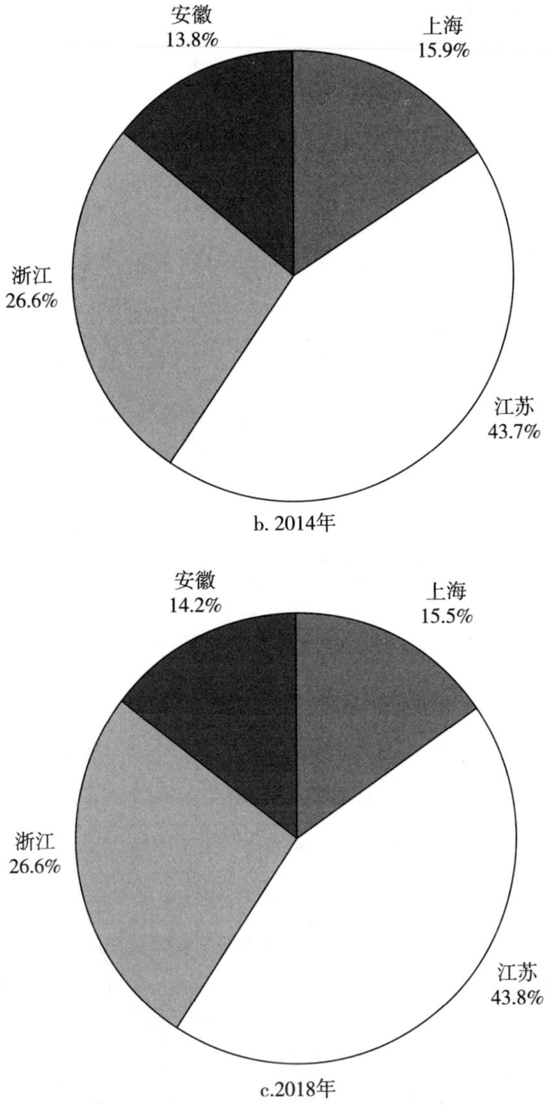

图 6　长三角地区经济总量分省市构成比较

江省、浙江省与上海市的经济规模差距也呈逐年拉大态势，但安徽省与上海市的经济规模差距逐渐缩小。

近年来，长三角地区内部经济格局呈现逐渐转变的发展态势。从近年地区经济总量的分地区构成情况变化来看，总体表现为上海市生产总值在地区总量中的比重逐渐下降，浙江省生产总值在地区总量中的比重先降后趋于稳定，江苏省和安徽省生产总值在地区经济总量中的比重出现不同程度的提高。

（三）经济质量得到提升，地区差距仍然较大

长三角三省一市土地总面积占我国国土面积的不足4%，但承载了4倍于土地面积比重的常住人口，产出了6倍于土地面积比重的经济总量，以及相当于土地面积比重3倍多的一般公共预算收入，人均GDP、城镇化率、城乡居民人均可支配收入等发展水平指标高于全国平均水平，是我国区域发展格局中具有重要支撑和引领作用的核心经济区之一。

表1　2018年长三角地区土地面积、人口和经济主要指标及与全国比较

地区	土地面积（平方公里）	常住人口（万人）	GDP（亿元）	一般公共预算收入（亿元）	人均GDP（万元）	城镇化率（%）	城镇居民人均可支配收入（元）	农村居民人均可支配收入（元）
上海	0.63	2423.8	32679.9	7108.2	13.5	88.1	68034	30375
江苏	10.72	8050.7	92595.4	8630.2	11.5	69.6	47200	20845
浙江	10.55	5737.0	56197.0	6598.0	9.9	68.9	55574	27302
安徽	14.01	6323.6	30006.8	3048.7	4.8	54.7	34393	13996
长三角	35.91	22535.1	211479.1	25385.1	9.4	67.23	51300	23130
全国	960	139538	900309	183352	6.5	59.58	39251	14617
与全国比较	占3.7%	占16.1%	占23.5%	占13.8%	高2.9万元	高7个多百分点	高12049元	高8513元

资料来源：上海市城镇化率数据来自江苏省统计局《江苏省城镇化水平居全国第五位》，http://tj.jiangsu.gov.cn/art/2019/3/11/art_4027_8258551.html；其他数据来自表中各省市及全国2018年国民经济和社会发展统计公报。

在我国大陆31个省级行政区中，新疆、云南等共8省区的土地面积均高于长三角三省一市面积之和，8省区土地面积之和是长三角三省一市总面

积的18倍多，但长三角三省一市创造的地区生产总值及一般公共预算收入明显高于8省区之和。分省市来看，长三角各省市的土地面积均排在我国大陆31个省级行政区的后列，但2018年主要发展指标，尤其是相对量指标大多排在31个省级行政区的前列和中列（见表2）。

表2　2018年长三角各省市主要指标在我国大陆31个省级行政区中的排名

地区	绝对量指标排序				相对量指标排序			
	土地面积	常住人口	GDP	一般公共预算收入	人均GDP	地均GDP	城镇化率	人口密度
上海	31	25	11	3	2	1	1	1
江苏	24	5	2	2	4	4	5	4
浙江	25	10	4	4	5	6	6	8
安徽	22	8	13	14	22	11	22	9

资料来源：面积数据来自各省市2018年统计年鉴或政府门户网站省情市情介绍；2018年发展数据来自各省市2018年国民经济和社会发展统计公报；表中数据根据各省市相关数据排序而得。

但是，长三角地区内部发展不平衡的问题还比较突出，尤其是安徽省与上海、江苏、浙江三省市的梯度差距较明显。安徽省土地面积在长三角三省一市中最大，但经济规模及发展水平均处于最末位，人均GDP、城镇化率、城乡居民人均可支配收入等发展水平主要指标低于全国平均水平，区域经济发展阶段与江浙沪三省市还存在较明显的差距。上海市土地面积居于我国大陆31个省级行政区最末位，但城镇化率、人口密度、地均GDP、地均一般公共预算收入等指标居于全国首位，人均GDP突破2万美元，居我国大陆省级行政区第2位，江苏、浙江两省经济发展总量规模及相对量指标均居于我国大陆各省级行政区前列。

二　2018年长三角地区产业发展概况

2018年，受宏观环境形势、区域发展阶段，以及地方政府实施经济结构调整和产业转型升级调控政策等内外部因素综合影响，长三角地区三次产业呈现不同的发展走势。其中，第一产业低速增长，增速均慢于全国，第二产业增长情况地区差异较大，第三产业增速均快于全国。在各地政府持续推进产业转型升级促进政策、行动计划和专项行动，加快传统产业升级改造，淘汰“三高一低”落后产能等举措推动下，长三角地区产业结构总体保持稳步升级的演进态势，但由于发展基础和资源禀赋的差异，主要产业发展情况存在地区和行业分异，新兴产业发展总体向好，新动能对区域经济的支撑和拉动作用增强。

（一）产业结构稳步升级，地区差异仍较明显

2018 年，长三角地区产业结构继续呈现稳步优化发展态势，总体表现为地区经济结构中第一产业比重小幅下降，第二产业比重较明显下降，第三产业比重较明显上升。2018 年长三角地区生产总值构成中，第一产业增加值约占 4.2%，较上年比重下降 0.3 个百分点；第二产业增加值约占 41.8%，较上年比重下降 1.1 个百分点；第三产业增加值比重约占 54.0%，较上年比重上升 1.4 个百分点（见表 3）。

表 3　2017～2018 年长三角各省市地区生产总值结构及与全国比较

单位：%

地区	2017 年			2018 年		
	第一产业	第二产业	第三产业	第一产业	第二产业	第三产业
上海	0.3	30.7	69.0	0.3	29.8 ↓	69.9 ↑
江苏	4.7	45.0	50.3	4.5 ↓	44.5 ↓	51.0 ↑
浙江	3.9	43.4	52.7	3.5 ↓	41.8 ↓	54.7 ↑
安徽	9.5	49.0	41.5	8.8 ↓	46.1 ↓	45.1 ↑
长三角	4.5	42.9	52.6	4.2 ↓	41.8 ↓	54.0 ↑
全国	7.9	40.5	51.6	7.2 ↓	40.6 ↑	52.2 ↑

但是省份之间产业结构及其变化情况存在较大差异。其中，上海市经济结构中，第三产业比重较第二产业比重高 40 多个百分点，服务经济为主的产业结构特征鲜明，2018 年第一产业增加值在地区经济结构中的比重为

0.3%，与上年占比持平；第二产业增加值在地区经济结构中的比重进一步下降，其中工业增加值占地区生产总值的比重降至26.6%，较上年占比降低1个百分点；第三产业增加值在地区经济结构中的比重为69.9%，较上年上升0.9个百分点。江苏和浙江两省均已形成“三二一”型产业结构，第三产业增加值在地区生产总值中的比重超过50%，2018年产业结构变化特征均为第一产业、第二产业比重下降，第三产业比重上升。但是，浙江省产业结构变化幅度较大，2018年第三产业增加值占比较上年提高2个百分点，2018年第二产业与第三产业增加值占比差距超过12个百分点，第二、三产业对地区经济的驱动作用的差距逐渐拉大。江苏省产业结构变化幅度较小，2018年第三产业增加值占比较上年约上升0.7个百分点，第二产业和第三产业增加值占比的差距相对较小，约为6.5个百分点。安徽省保持“二三一”型产业结构，地区经济结构中第二产业增加值占比超过第三产业，但近年产业结构变化较快，2018年第三产业增加值占比上升3.6个百分点，与第二产业的差距明显缩小，仅为1.0个百分点。

（二）服务业领跑区域经济，主要行业增速较低

2018年，长三角地区服务业继续呈现较快增长势头。全年，长三角地区第三产业增加值平均增长8.3%，较上年增速略有下降，但仍较同期地区经济增速高2个多百分点。分地区来看，2018年长三角各省市第三产业增速均快于第一产业和第二产业，是拉动地区经济增长的重要产业动力（见图7）。与上年比较，上海市第三产业增加值增速提升，其他三省第三产业增加值增速出现不同程度的回落。

分行业来看，2018年长三角地区服务业主要行业增速低于服务业总体增速，其他服务业增速较高。其中，上海市服务业主要行业中，交通运输、仓储和邮政业实现了两位数以上的较快增长，其他行业增长慢于地区经济；主要行业增加值占地区生产总值的比重仍是金融业最高，为17.7%，与上年比重持平，其次为批发和零售业，比重为14%，2018年上海市房地产业增加值增长4.8%，占地区生产总值的比重达6.1%，较上年提高0.4个百

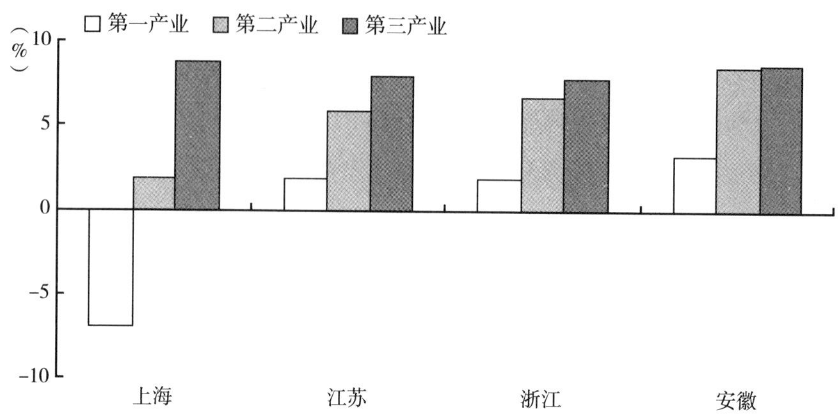

图 7　2018 年长三角各省市三次产业增速比较

分点。江苏省服务业主要行业中，交通运输、仓储和邮政业，金融业 2018 年增速均高于地区经济，但其他主要行业增速均低于第三产业整体增速；在地区增加值构成中，金融业增加值所占比重最高，为 8.1%，房地产业低速增长，但增加值占地区生产总值的比重达 5.7%。浙江省服务业主要行业均有不同程度的增长，但增速均低于地区经济，其中金融业增速较高，为 7%，批发和零售业增加值占地区生产总值的比重较高，达 11.9%，金融业比重为 7%，房地产业增长 3.6%，增加值占地区生产总值的 6.2%。安徽省服务业主要行业增速低于区域经济增速，其中房地产业增速相对较高，为 5.9%，在地区生产总值构成中，金融业、批发和零售业、房地产业增加值占比较高，分别为 6.9%、6.7% 和 6.3%。

表 4　2018 年长三角各省市服务业主要行业发展概况

单位：亿元，%

主要产业	绝对值				增速			
	上海	江苏	浙江	安徽	上海	江苏	浙江	安徽
批发和零售业	4581.49	—	6709.3	2006.86	3.3	—	5.7	5.7
交通运输、仓储和邮政业	1533.36	3349.9	2082.5	985.77	10.4	7.4	6.1	3.2
住宿和餐饮业	421.46	—	1321.0	543.73	-2.8	—	5.4	5.8
金融业	5781.63	7461.9	3932.0	2064.55	5.7	7.0	7.0	5.0

续表

主要产业	绝对值				增速			
	上海	江苏	浙江	安徽	上海	江苏	浙江	安徽
房地产业	1992.52	5269.8	3508.1	1897.52	4.8	1.8	3.6	5.9
产值合计占地区生产总值的比重	43.8	17.4	31.2	25	—	—	—	—
产值合计占第三产业增加值的比重	62.6	34.1	57.1	55.4	—	—	—	—

（三）工业增长地区和行业差异较大，新兴产业驱动力增强

2018年，长三角地区工业发展情况的地区和行业分异较大，但总体呈现行业增长面较大、经济效益平稳增长、内部结构优化、能级提升的向好态势。其中，上海市2018年工业经济低速增长，规模以上工业增加值和规模以上工业总产值分别增长2%和1.4%，35个工业行业中，20个行业总产值有不同程度的增长，增长面为57.1%。工业六大重点行业产值“四增二减”，生物医药制造业产值增长9.8%，明显高于其他行业，成套装备制造业产值增长4.8%，电子信息产品制造业和汽车制造业产值低速增长，石油化工及精细化工制造业、精品钢材制造业产值负增长；六大行业总产值占上海市规模以上工业总产值的68.5%。江苏省2018年规模以上工业增加值增长5.1%，40个工业行业中，30个行业增加值实现增长，增长面达75%。高技术产业、装备制造业增加值2018年分别增长11.1%和8%，均高于地区经济增速，对全省规模以上工业增加值增长的贡献率分别达到43.4%和74.2%。浙江省2018年规模以上工业增加值增长7.3%，其中高技术产业和装备制造业增加值分别增长13.7%和10.0%，增速较上年下降，但均快于2018年地区工业和服务业增加值增速；37个工业行业中，30个行业产品价格上涨，增长面达81.1%。安徽省2018年工业经济实现较快发展，全年规模以上工业增加值增长9.3%，增速居长三角各省市及我国中部省市首位、全国第4位；39个工业行业中，34个行业利润额实现不同程度增长，增长面达87.2%。

2018年，长三角地区战略性新兴产业实现较快增长，对地区经济的支

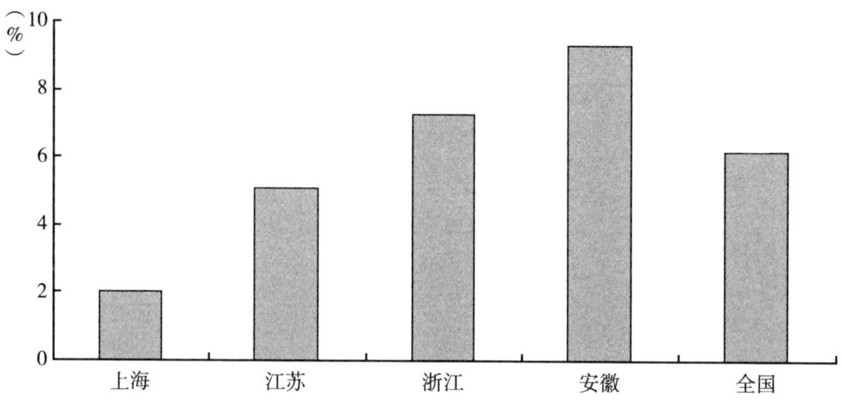

图 8　2018 年长三角各省市规模以上工业增加值增速及与全国比较

撑拉动作用进一步增强。其中，上海市 2018 年战略性新兴产业增加值增长 8.2%，快于地区经济，战略性新兴产业产值占规模以上工业总产值的比重上升到 16.7%；战略性新兴产业工业总产值突破 1 万亿元，较上年增长 3.8%，高于全市规模以上工业经济增速；战略性新兴产业的七大产业中，除新材料产业外，其他产业增速均快于工业，战略性新兴产业工业总产值占规模以上工业总产值的比重达 30.6%。江苏省 2018 年战略性新兴产业产值增长 8.8%，快于地区工业经济；占规模以上工业总产值的比重达 32%，比上年提高 1 个百分点；新兴产业主要产品产能快速增长，如新能源汽车产量增长 139.9%，城市轨道车辆产量增长 107.1%，3D 打印设备产量增长 51.4%。浙江省 2018 年战略性新兴产业增加值增长 11.5%，占规模以上工业增加值的比重达 29.6%；战略性新兴产业中，新一代信息技术和物联网、海洋新兴产业、生物产业的增加值均实现两位数以上的较快增长；规模以上服务业中，战略性新兴产业服务业营业收入增长 22%。碳纤维增强复合材料、工业机器人等多种新产品产量快速增长。安徽省 2018 年战略性新兴产业产值增长 16.1%，占规模以上工业总产值的比重达 29.5%；纳入战略性新兴产业的八大产业产值均实现不同程度增长，其中高端装备制造业、生物产业等六大产业实现两位数以上较快增长，新材料和新能源汽车产业产值增长 20% 以上（见表 5）。

表5　2018年长三角各省市战略性新兴产业发展概况

单位：%

地区	增速	比重
上海	8.2	16.7
江苏	8.8	32.0
浙江	11.5	29.6
安徽	16.1	29.5

注：上海、江苏和安徽三省市为战略性新兴产业产值占规模以上工业总产值比重，浙江为战略性新兴产业增加值占规模以上工业增加值比重。

三　2018年长三角地区经济动力概况

2018年，长三角地区三大需求拉动力呈现分异化发展态势。其中，上海、江苏和浙江三省市三大需求增速均有不同程度的下降，安徽省消费增速略有下降，投资和出口增速提升；三大需求在各省市经济增长中的拉动作用存在差异。总体来看，长三角地区投资、消费和出口增速均较上年回落，三大需求拉动力有不同程度的减弱，经济发展压力增大；但长三角地区投资、消费和出口的平均增速均高于全国，总体实现了较快增长，且需求拉动力内部结构渐趋优化。

（一）投资总体下滑，地区内部增长走势分化

近年，长三角地区投资增长总体呈持续下行走势，2018年增速进一步下滑，但地区内部发展情况存在差异。全年，三省一市固定资产投资平均增长7.4%，较上年平均增速下降1.2个百分点。但近年长三角地区固定资产投资增速总体保持领先于全国的态势，2018年投资增速较全国高1.5个百分点（见图9）。

2018年，长三角三省一市投资增长情况存在较明显的地区分异。其中，上海、江苏和浙江三省市投资回落，2018年固定资产投资增速均低于上年，

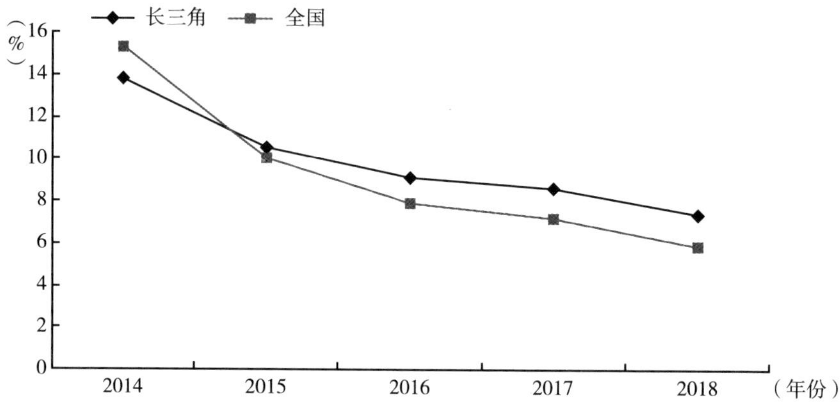

图9　2014～2018年长三角地区固定资产投资增长及与全国比较

江苏省和上海市下降2个百分点及以上，浙江省下降1.5个百分点；安徽省投资加速增长，2018年固定资产投资增速较上年提高0.8个百分点，在全国的排名上升到第2位（见图10）。三省一市中，上海市和江苏省2018年固定资产投资增速略低于全国，浙江和安徽两省固定资产投资增速高于全国。

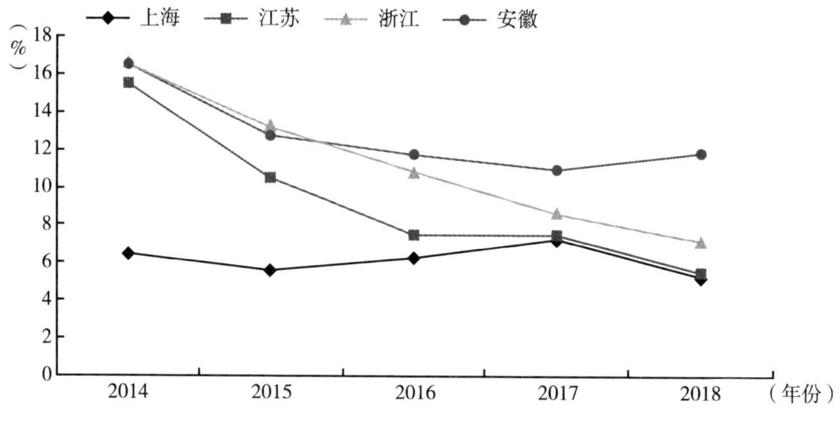

图10　2014～2018年长三角各省市固定资产投资增长情况

从投资结构来看，2018年长三角地区工业投资增速快于服务业和地区经济增速，房地产开发投资增长情况地区差异较大。其中，上海市三大重点投资领域中，工业投资实现快速增长，2018年增长17.7%，高于上年增速；

城市基础设施投资实现较快增长，2018 年增速为9.3%，较上年增速略有下降；房地产开发投资增速相对较低，2018 年增长4.6%，但较上年增速略有提升。江苏省 2018 年工业投资增长 8%，房地产开发投资增长 14.1%。浙江省 2018 年基础设施投资增长 7.7%，高技术产业投资增长 22.6%，房地产开发投资增长 20.9%。安徽省 2018 年工业投资增长 24.8%，房地产开发投资增长 6.4%。

（二）消费增速减缓，消费结构逐渐升级

近年，长三角地区消费总体呈不断减缓走势，2018 年增速进一步下降。全年，三省一市社会消费品零售总额平均增长 9.1%，较上年增速下降 1.2 个百分点，下降幅度为 2014～2018 年最大。与全国比较，近年长三角地区消费增速呈现“低于全国——与全国持平——超过全国”的发展态势，2018 年长三角地区社会消费品零售总额增速以 0.1 个百分点的优势略高于全国（见图 11）。

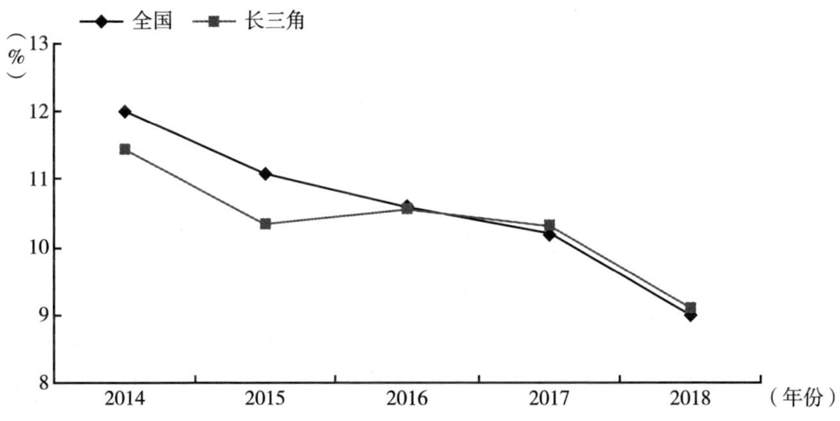

图 11　2014～2018 年长三角地区社会消费品零售总额增速变化及与全国比较

2018 年，长三角三省一市消费增速均较上年有不同程度的回落。其中，江苏省和浙江省 2018 年社会消费品零售总额增速下降幅度较大，分别达到 2.7 个和 1.6 个百分点；上海市和安徽省社会消费品零售总额增速下降幅度

较小，分别为0.2个和0.3个百分点（见图12）。三省一市中，安徽省2018年社会消费品零售总额实现两位数以上的较快增长，增速高于全国；浙江省增速与全国持平，上海市和江苏省增速低于全国。

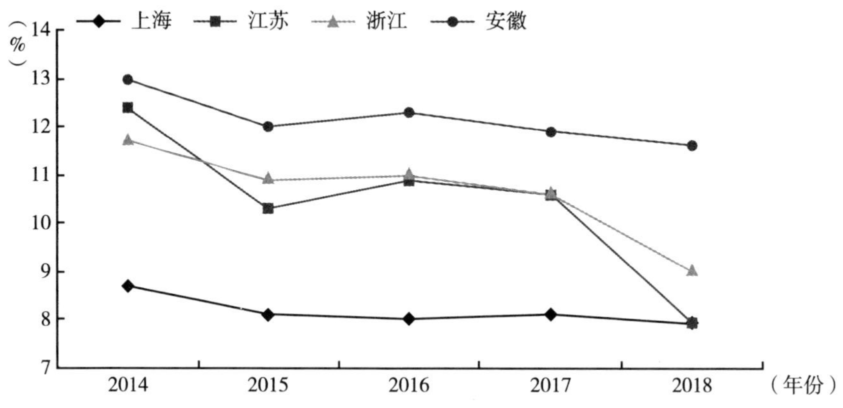

图12　2014～2018年长三角各省市社会消费品零售总额增长情况

从总量规模来看，近年长三角地区消费总额持续增长。2018年，三省一市社会消费品零售总额突破8万亿元，达到约8.3万亿元，占全国社会消费品零售总额的比重约为21.8%，较上年比重略有提高，近年比重基本稳定在21%～22%，长三角地区消费对全国消费的贡献份额基本稳定。

从消费结构来看，省份之间差异较大，但总体呈现消费结构逐渐升级的态势，新业态、新模式保持较快的增长势头。其中，上海市2018年“吃、穿、用、烧”四大类消费品零售总额中，“穿”的商品增速最快，达15.4%；“烧”的商品也实现两位数以上增长；“吃”和“用”的两类商品零售额增速较低，均为5.5%；网上商店零售额、电子商务交易额、城市商业综合体营业额等均实现两位数以上较快增长，网上商店零售额占社会消费品零售总额的比重达11.9%；品牌零售发展较快，国际零售商集聚度排名上升至全球城市第2位，境外旅客购物离境退税销售额占全国的75%。江苏省2018年智能手机、平板电脑等通信器材类商品零售额增长30%以上；书报杂志类、家具类、石油制品类商品零售额均增长两位数以上；食品烟酒类、纺织品类等零售额增速低于社会消费品零售总额增速。浙江省2018年通信器材、家具、日用品等大类商品零售额实现两位数以上增长，汽车类零售额增速下降；网络零售额增长25.4%。安徽省2018年限额以上零售额中，粮油食品饮料烟酒、日用品等五大类商品零售额增长10%以上；网上零售额增长36.1%，占限额以上零售品消费总额的比重达到9%，较上年提高3个多百分点。

（三）出口总体回落，地区和结构差异较大

近年，在国际需求市场动荡及不稳定因素增多的宏观背景下，长三角地区出口增速呈现较大幅度的变化，2018年出口增长总体呈回落走势，但地区内部存在差异。全年，三省一市出口总额平均增长9.2%，较上年增速下降2.1个百分点，但高于2015～2016年增速，总体实现了较快增长，是拉动地区经济增长的重要动力。2018年长三角地区出口额增速较全国高2.1个百分点，保持领先于全国的态势（见图13）。

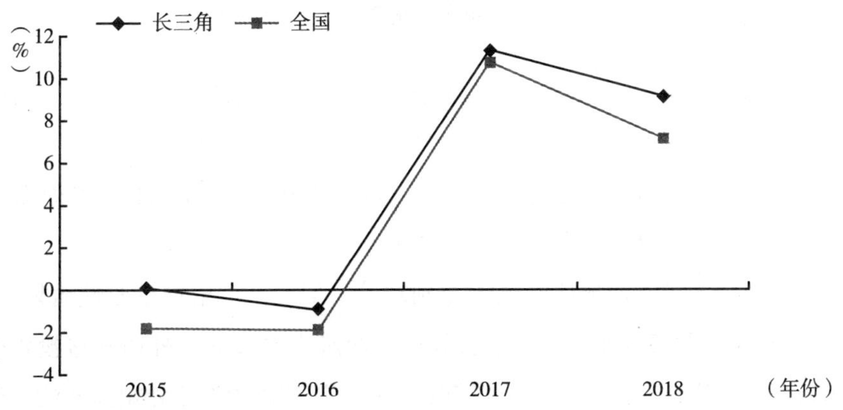

图13 2015～2018年长三角地区出口总额增长及与全国比较

注：2015年以来发布以人民币为单位的出口总额及增长率，因此近年出口增长情况取2015～2018年数据。

资料来源：2015～2017年全国及长三角各省市数据来自安徽省统计局相关年度月度经济运行监测数据；2018年数据来自全国及各省市2018年国民经济和社会发展统计公报。

近年，长三角三省一市出口额均呈波动增长走势。2018 年，上海、江苏和浙江三省市的出口增速均较上年有不同程度的回落，且降幅较大。其中，江苏省出口增速下降 8 个多百分点，上海市出口增速下降 4 个多百分点，浙江省出口增速下降 1 个多百分点。安徽省 2018 年出口增速明显提升，全年出口总额增长 15.1%，较上年增速提高 5 个多百分点（见图 14）。

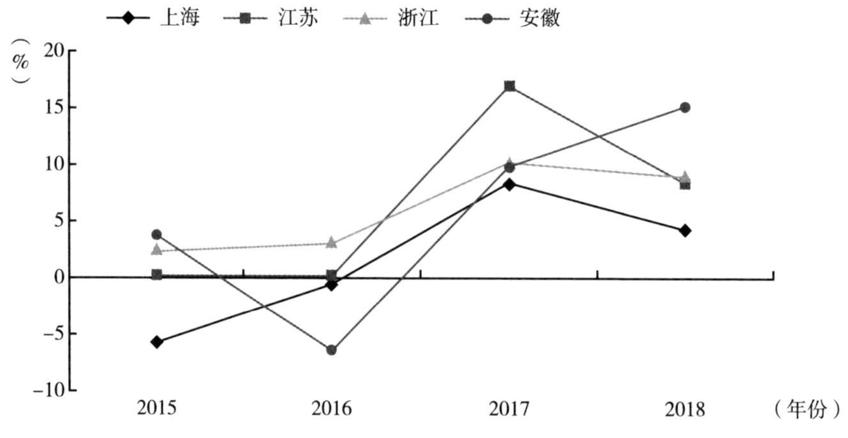

图 14　2015～2018 年长三角各省市出口增速变化

从总量规模来看，2018 年长三角地区出口额持续增长。全年，三省一市出口总额突破 6 万亿元人民币，达到约 6.4 万亿元，约占全国出口总额的 38.9%，较上年比重略有提升。近年长三角地区出口总额对全国出口总额的贡献份额呈逐渐提升态势。

从出口结构来看，地区和领域差别较大。例如，按出口企业性质划分，上海市 2018 年私营企业出口额增长较快，增速达 16.2%，外商直接投资企业出口额低速增长，国有企业出口额负增长；江苏省国有企业出口额增长较快，增速达 17.7%；浙江省私营企业出口额有两位数以上增长，国有企业、外商直接投资企业、集体企业出口额有不同程度的增长，但均低于出口总额增速；安徽省民营企业出口额增长 29.2%，外商直接投资企业出口额增长 15.4%，国有企业出口额负增长。按贸易方式划分，上海市一般贸易增长明显快于出口总额，加工贸易负增长；江苏省一般贸易增速达两位数以上；安徽省一般贸易和加工贸易均实现两位数以上的较快增长。按出口市场来看，上海市对日本、欧盟等地区的出口额增速均高于出口总额增速，对美国出口额负增长；江苏省对主要贸易市场的出口额均有不同程度增长，但对日本、美国、欧盟等国家和地区的出口额增速低于出口总额增速，对东盟、韩国、非洲、俄罗斯等地区的出口额均实现两位数以上增长；浙江省对美国出口增长12.2%，对“一带一路”沿线国家出口增长8.3%，对欧盟出口增长7.8%；安徽省对亚洲地区的出口增速较低，对欧洲、北美洲、非洲、拉丁美洲、大洋洲等地区的出口额均实现快速增长。

比较三大需求增长情况，安徽省2018年投资、消费和出口增速均居长三角三省一市首位，并高于全国三大需求增速；浙江省投资和出口增速高于全国，消费增速与全国持平；江苏省出口增速高于全国，投资和消费增速低于全国；上海市三大需求增速均低于全国。分地区来看，上海市三大需求中，消费增速领先，高于地区经济增速，是拉动地区经济增长的重要动力；江苏省出口增速略高于消费增速，出口和消费增长均快于地区经济；浙江省消费和出口增速持平，均快于地区经济增速；安徽省出口增速领先，投资和消费增速基本持平，三大需求增长均快于地区经济（见图15）。

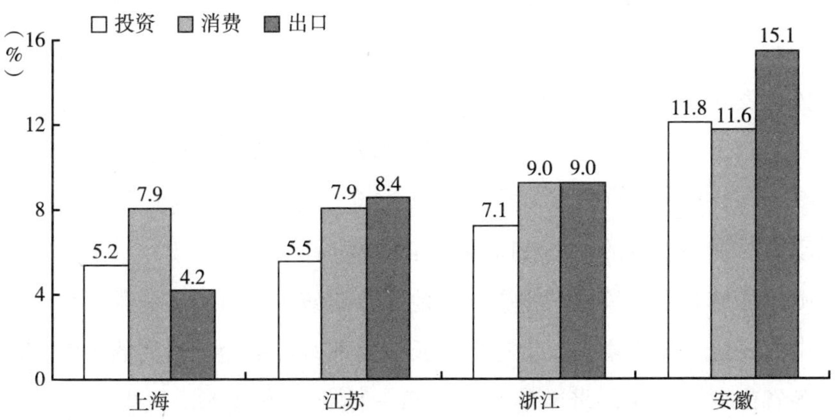

图15　2018年长三角各省市投资、消费和出口增速比较

四 2019年长三角地区经济发展展望

2019年，长三角地区经济发展既迎来区域一体化上升为国家战略的重要发展机遇期，也面临发展环境中不确定、不稳定因素增多，风险与压力明显增大的严峻挑战。

（一）战略机遇

近年来，长三角区域一体化呈现逐渐扩围和深化发展态势，形成政府、企业和社会等多元化力量共同推进的格局。然而，一些制约区域一体化深入发展的壁垒阻碍仍存在突破难、突破慢的问题。2018年11月5日，习近平总书记在首届中国国际进口博览会开幕式主旨演讲时指出："将支持长江三角洲区域一体化发展并上升为国家战略"；随后，国家发展改革委会同国家有关部委及沪、苏、浙、皖三省一市，组织开展长三角一体化发展规划编制工作，《长江三角洲区域一体化发展规划纲要》印发实施。在领导和推进机制上，国家层面成立了以韩正副总理为组长的推动长三角一体化发展领导小组，地方政府层面均成立了以省市一把手为组长的推动长三角一体化发展领导小组。2019年，是长三角一体化发展上升为国家战略正式实施的元年，随着《长江三角洲区域一体化发展规划纲要》的贯彻落实、"长三角生态绿色一体化发展示范区"建设启动，以及国家和地方政府其他一系列专项政策规划的制定实施，一些在长三角一体化发展中长期存在的有形和无形的阻碍，有望在较短的时间内实现重大突破，长三角一体化正在迈入更高起点、更强动力、更高质量的新发展阶段。

随着区域时空距离进一步压缩，地区分割减少，市场在资源要素流动和配置中的决定性作用增强，也将引发长三角地区经济地理格局的重塑。对长三角各省市而言，深入贯彻落实长三角一体化国家战略，积极融入主动对接，是突破本地区发展局限、整合内外部多种资源和力量、在更大格局中培育新动能新优势、增强对危机与挑战的应对能力、释放发展潜力、实现高质量发展等的重要战略机遇。长三角各省市政府高度重视，各地政府工作报告中都将实施长三角一体化国家战略列入 2019 年重点工作。在贯彻区域总体规划的同时，制定实施本地区的行动计划或方案，积极推动合作示范区建设及其他重要功能区建设，大力推进基础设施、市场体系、生态环境、重点产业、科技创新、社会保障等多领域的一体化发展。一系列政策举措的实施和重大机制政策的突破，有助于形成新的增长点，增强发展活力，促进长三角地区经济发展。

此外，“一带一路”国际合作及新兴市场的持续拓展、中国自由贸易试验区新片区建设及原有片区改革创新措施的深化、长江经济带区域合作的发展、上海大都市圈及其他省区内部的大都市区建设、海洋经济区建设等也将为长三角地区带来更多机遇，促进地区经济发展。

（二）主要挑战

2019 年，世界经济仍处于大调整大变革的重要转折阶段，宏观环境中不确定、不稳定因素明显增多，国际贸易摩擦及地方贸易保护主义抬头，主要经济体面临来自内外部的多重问题与挑战，经济增速减缓趋势较明显，世界经济整体增长动能减弱，下行风险加大。国际货币基金组织、世界银行、联合国等关于 2019 年世界经济的展望报告中均下调了对 2019 年全球经济和主要经济体的增速预期。

长三角地区要高度重视并积极应对两大新挑战。一是来自美国对中国挑起的贸易摩擦，不仅涉及贸易方面的摩擦，还涉及科技、投资方面的摩擦，这些摩擦对国际化程度很高的长三角地区来说，影响要明显大于内陆地区。美国对来自中国的出口商品加征关税，可能会影响长三角各地出口商品的国际竞争力，并有可能减缓其外贸出口增速；美国对中国的一些高科技企业实施的管控，可能会影响长三角高科技企业的部件进口，并有可能因某些关键部件的断供而影响企业的生产经营。从 20 世纪 80 年代就发生的美日贸易摩擦来看，中美贸易摩擦可能是中长期的，甚至是常态化的，对此我们一定要加强研究，政府、企业和智库联手合作，帮助企业和各个开发区更好地应对中美贸易摩擦带来的一系列新挑战。

二是商务成本节节走高、居高不下。不仅是上海、杭州、南京、苏州等中心城市因房价快速走高以及用工成本快速上升导致商务成本过快上升，而且一些二、三线城市的商务成本也进入了不断上涨的轨道，这对多年来依靠成本优势取得快速发展的长三角地区来说，是一个必须高度关注的新挑战。这不仅影响到引进和留住产业，还影响到产业升级。因为如果企业没有足够的盈利能力，也就没有充分的创新投入能力。

（三）展望

2019 年，长三角地区既迎来新的战略机遇，也面临更加严峻的挑战，综合内外部因素，区域经济下行的风险和压力将进一步增大。从地方政府确定的预期增长目标来看，长三角三省一市均不同程度地调低了 2019 年经济增速目标，对经济增长速度的预期更为审慎，更加强调高质量发展。从 2019 年以来地区经济运行的实际情况来看，长三角地区经济增速进一步减缓的趋势较明显，2019 年上半年各省市经济增速相对 2018 年上半年均不同程度下降，但总体判断可以达到预期增长目标（见表 6）。

表 6　长三角各省市及全国 2018 年 GDP 增速与 2019 年预期目标

单位：%

地区	2018 年上半年实际增长	2018 年实际增长	2019 年上半年实际增长	2019 年预期增长
上海	6.9	6.6	5.9	6～6.5
江苏	7.0	6.7	6.5	6.5 以上
浙江	7.6	7.1	7.1	6.5 左右
安徽	8.3	8.0	8.0	7.5～8
全国	6.8	6.6	6.3	6～6.5

资料来源：2018 年数据来自全国及长三角各省市 2018 年上半年进度数据及 2018 年国民经济和社会发展统计公报；2019 年上半年增速数据来自全国及长三角各省市 2019 年上半年经济运行情况发布数据；预期增长目标来自全国及长三角各省市 2019 年政府工作报告。

指 数 篇

Index Reports

B.2
2019年长三角地区科技创新驱动力指数

杨 凡*

摘 要： 通过构建长三角城市科技创新驱动力指标评价体系，并基于AHP-EVM模型设置主客观综合指标权重，得到科技创新驱动力综合指数，包含科技创新投入、科技创新载体、科技创新产出、科技创新绩效4个专项指数，以及10个二级指标得分，全面、系统地评价了长三角41个城市的科技创新驱动力，并着重分析了长三角科技创新驱动力10强城市。

关键词： 长三角 科技创新驱动力 指标评价体系 城市发展

* 杨凡，上海社会科学院信息研究所助理研究员，主要从事科技创新与长三角经济发展研究。

上一轮研究构建了基于“投入—产出”经典框架的指标评价体系，在保持该体系架构不变的基础上，本研究对原三级指标进行了扩充，在科技创新投入维度中增加了信息化水平指标，在科技创新载体维度中增加了国家重大科学装置、独角兽企业、国家级众创空间和风险投资机构指标。为此，本报告的科技创新驱动力指数评价体系由科技创新投入、科技创新载体、科技创新产出和科技创新绩效 4 个维度，科技研发投入等 10 个二级指标，研发经费等 35 个三级指标组成。本报告的评价对象为长三角的 41 个城市，具体的指标评价体系和研究方法详见文末附录。

一　长三角41个城市科技创新驱动力综合指数

表 1 显示了 2017 年长三角 41 个城市的科技创新驱动力综合指数（以下简称“综合指数”）测算结果及排名。综合指数排在前 20 位的城市是上海、南京、苏州、杭州、合肥、无锡、芜湖、常州、宁波、镇江、南通、湖州、泰州、嘉兴、扬州、徐州、绍兴、马鞍山、台州、温州。其中，除上海外，江苏、浙江和安徽分别有 9 个、7 个和 3 个城市进入前 20 位。而在综合指数排后十位的城市中，安徽省的城市占了 80%，表明安徽的整体科技创新驱动力与上海、江苏和浙江相比明显偏弱。

上海是长三角科技创新的龙头，科技创新驱动力综合指数排名首位，为 0.679，远高于排名第 2 的南京。南京、苏州、杭州、合肥的综合指数都在 0.4 以上，分别排第 2 位至第 5 位，是长三角科技创新的领先城市，并且除苏州外，其他都是省会城市。无锡、芜湖、常州、宁波、镇江、南通的综合指数在 0.29 以上 0.4 以下，分别排第 6 位至第 11 位，这些是长三角科技创新的重点城市。湖州、泰州、嘉兴、扬州、徐州、绍兴、马鞍山、台州、温州的综合指数在 0.17 以上 0.29 以下，这些城市的科技创新驱动力也较强，但与领先城市仍有一定差距，却又明显强于其他城市，具有较好的发展潜力。

表1　2017年长三角41个城市科技创新驱动力综合指数及排名

排序	城市	综合得分	排序	城市	综合得分
1	上海	0.679	22	铜陵(安徽)	0.169
2	南京(江苏)	0.577	23	蚌埠(安徽)	0.169
3	苏州(江苏)	0.517	24	连云港(江苏)	0.166
4	杭州(浙江)	0.472	25	舟山(浙江)	0.161
5	合肥(安徽)	0.437	26	金华(浙江)	0.150
6	无锡(江苏)	0.348	27	衢州(浙江)	0.149
7	芜湖(安徽)	0.312	28	滁州(安徽)	0.148
8	常州(江苏)	0.311	29	宣城(安徽)	0.143
9	宁波(浙江)	0.310	30	池州(安徽)	0.125
10	镇江(江苏)	0.306	31	淮安(江苏)	0.122
11	南通(江苏)	0.292	32	黄山(安徽)	0.106
12	湖州(浙江)	0.243	33	亳州(安徽)	0.101
13	泰州(江苏)	0.240	34	丽水(浙江)	0.099
14	嘉兴(浙江)	0.239	35	淮北(安徽)	0.096
15	扬州(江苏)	0.235	36	安庆(安徽)	0.092
16	徐州(江苏)	0.214	37	六安(安徽)	0.076
17	绍兴(浙江)	0.198	38	宿迁(江苏)	0.073
18	马鞍山(安徽)	0.195	39	淮南(安徽)	0.071
19	台州(浙江)	0.182	40	阜阳(安徽)	0.071
20	温州(浙江)	0.177	41	宿州(安徽)	0.040
21	盐城(江苏)	0.170	—	—	—

二　长三角41个城市科技创新驱动力专项指数

（一）科技创新投入指数及城市排名

科技创新投入指数由3个二级指标构成，分别是科技研发投入、人才资源投入、创新基础投入。表2显示了长三角科技创新投入指数及城市排名。排前十位的城市分别是上海、南京、杭州、苏州、合肥、无锡、宁波、常州、芜湖和镇江，其中，除上海外，江苏、浙江和安徽分别有5个、2个、2个城市进入。在未进入前十位的城市中，有些城市在个别指标上表现突出。例如，绍兴（排名第13）的人力资源投入得分排名第10位，舟山（排名第25）的创新基础投入得分排名第8位。

表2 2017年长三角41个城市科技创新投入指数及排名

一级指标排序	城市	一级指标得分	二级指标		
			科技研发投入	人力资源投入	创新基础投入
1	上海	0.791	0.874(1)	0.663(2)	0.882(1)
2	南京(江苏)	0.540	0.396(4)	0.723(1)	0.464(4)
3	杭州(浙江)	0.473	0.441(3)	0.495(3)	0.491(3)
4	苏州(江苏)	0.470	0.477(2)	0.426(4)	0.545(2)
5	合肥(安徽)	0.368	0.371(6)	0.426(5)	0.245(16)
6	无锡(江苏)	0.347	0.341(7)	0.314(6)	0.424(6)
7	宁波(浙江)	0.297	0.286(8)	0.239(9)	0.433(5)
8	常州(江苏)	0.284	0.282(9)	0.251(8)	0.353(7)
9	芜湖(安徽)	0.267	0.376(5)	0.191(12)	0.199(24)
10	镇江(江苏)	0.263	0.215(13)	0.281(7)	0.322(9)
11	南通(江苏)	0.236	0.269(10)	0.171(14)	0.302(10)
12	嘉兴(浙江)	0.231	0.242(12)	0.202(11)	0.267(14)
13	绍兴(浙江)	0.231	0.242(11)	0.202(10)	0.265(15)
14	扬州(江苏)	0.213	0.202(16)	0.188(13)	0.287(11)
15	湖州(浙江)	0.190	0.197(17)	0.144(16)	0.27(13)
16	泰州(江苏)	0.176	0.207(15)	0.116(21)	0.233(17)
17	徐州(江苏)	0.172	0.181(20)	0.135(18)	0.231(18)
18	温州(浙江)	0.166	0.152(22)	0.154(15)	0.22(21)
19	马鞍山(安徽)	0.161	0.212(14)	0.126(20)	0.131(28)
20	金华(浙江)	0.154	0.132(23)	0.138(17)	0.23(19)
21	铜陵(安徽)	0.152	0.193(18)	0.094(24)	0.183(25)
22	盐城(江苏)	0.151	0.180(21)	0.095(23)	0.208(22)
23	台州(浙江)	0.146	0.123(27)	0.131(19)	0.224(20)
24	蚌埠(安徽)	0.138	0.181(19)	0.115(22)	0.096(31)
25	舟山(浙江)	0.122	0.054(34)	0.083(26)	0.334(8)
26	淮安(江苏)	0.103	0.123(26)	0.048(31)	0.173(26)
27	连云港(江苏)	0.099	0.121(28)	0.049(30)	0.156(27)

续表

一级指标排序	城市	一级指标得分	二级指标		
			科技研发投入	人力资源投入	创新基础投入
28	丽水(浙江)	0.098	0.065(32)	0.044(32)	0.273(12)
29	衢州(浙江)	0.096	0.086(30)	0.052(29)	0.202(23)
30	宣城(安徽)	0.092	0.127(25)	0.052(28)	0.103(30)
31	滁州(安徽)	0.085	0.128(24)	0.04(34)	0.091(32)
32	宿迁(江苏)	0.078	0.091(29)	0.042(33)	0.124(29)
33	淮南(安徽)	0.067	0.059(33)	0.087(25)	0.045(37)
34	黄山(安徽)	0.059	0.069(31)	0.038(35)	0.078(34)
35	淮北(安徽)	0.052	0.049(36)	0.054(27)	0.052(36)
36	安庆(安徽)	0.048	0.053(35)	0.026(36)	0.083(33)
37	六安(安徽)	0.034	0.049(37)	0.013(38)	0.045(38)
38	池州(安徽)	0.034	0.027(38)	0.019(37)	0.075(35)
39	阜阳(安徽)	0.016	0.018(39)	0.004(39)	0.039(39)
40	亳州(安徽)	0.011	0.014(40)	0.002(41)	0.022(41)
41	宿州(安徽)	0.010	0.005(41)	0.003(40)	0.035(40)

注：二级指标后括号内为排名。

（二）科技创新载体指数及城市排名

科技创新载体指数由3个二级指标构成，分别是科技研发载体、高新产业载体、创新培育载体。表3显示了2017年长三角41个城市科技创新载体指数及排名。排前十位的城市分别是上海、南京、苏州、杭州、合肥、无锡、南通、宁波、徐州和盐城，其中，除上海外，江苏、浙江和安徽分别有6个、2个、1个城市进入。在未进入前十位的城市中，有些城市在个别指标上表现突出。例如，扬州（排名第12）的科技研发载体得分排名第9位，绍兴（排名第13）、宿迁（排名第15）和连云港（排名第19）的高新产业载体得分分别排名第6、第9和第8位，常州（排名第14）的创新培育载体得分排名第6位。

表 3　2017 年长三角 41 个城市科技创新载体指数及排名

一级指标排序	城市	一级指标得分	二级指标		
			科技研发载体	高新产业载体	创新培育载体
1	上海	0.774	0.900(1)	0.356(4)	1.000(1)
2	南京(江苏)	0.486	0.564(2)	0.292(5)	0.468(4)
3	苏州(江苏)	0.408	0.201(5)	0.846(1)	0.662(2)
4	杭州(浙江)	0.394	0.371(4)	0.377(3)	0.584(3)
5	合肥(安徽)	0.361	0.454(3)	0.185(7)	0.198(7)
6	无锡(江苏)	0.185	0.176(6)	0.160(10)	0.301(5)
7	南通(江苏)	0.185	0.097(14)	0.415(2)	0.184(8)
8	宁波(浙江)	0.136	0.136(8)	0.117(14)	0.183(9)
9	徐州(江苏)	0.132	0.150(7)	0.078(21)	0.148(11)
10	盐城(江苏)	0.116	0.114(10)	0.099(18)	0.177(10)
11	泰州(江苏)	0.112	0.096(15)	0.158(11)	0.103(16)
12	扬州(江苏)	0.110	0.125(9)	0.063(24)	0.128(14)
13	绍兴(浙江)	0.109	0.085(17)	0.199(6)	0.042(18)
14	常州(江苏)	0.101	0.109(12)	0.020(31)	0.258(6)
15	宿迁(江苏)	0.100	0.087(16)	0.167(9)	0.013(30)
16	镇江(江苏)	0.099	0.111(11)	0.054(25)	0.133(13)
17	温州(浙江)	0.094	0.105(13)	0.069(23)	0.088(17)
18	淮安(江苏)	0.085	0.076(19)	0.131(13)	0.027(23)
19	连云港(江苏)	0.084	0.06(26)	0.169(8)	0.030(21)
20	嘉兴(浙江)	0.081	0.075(20)	0.075(22)	0.138(12)
21	金华(浙江)	0.078	0.061(25)	0.142(12)	0.028(22)
22	芜湖(安徽)	0.077	0.073(21)	0.102(16)	0.038(20)
23	湖州(浙江)	0.075	0.060(27)	0.100(17)	0.105(15)
24	马鞍山(安徽)	0.064	0.071(23)	0.054(26)	0.039(19)
25	蚌埠(安徽)	0.062	0.081(18)	0.028(30)	0.020(28)
26	滁州(安徽)	0.053	0.062(24)	0.042(27)	0.020(26)
27	宣城(安徽)	0.052	0.036(35)	0.111(15)	0.005(34)
28	安庆(安徽)	0.050	0.036(34)	0.097(19)	0.027(24)
29	舟山(浙江)	0.047	0.071(22)	0(35)	0.003(36)
30	池州(安徽)	0.045	0.031(37)	0.094(20)	0.012(32)
31	铜陵(安徽)	0.041	0.048(31)	0.033(28)	0.020(27)
32	衢州(浙江)	0.041	0.050(30)	0.030(29)	0.010(33)
33	台州(浙江)	0.036	0.052(28)	0(36)	0.021(25)

续表

一级指标排序	城市	一级指标得分	二级指标		
			科技研发载体	高新产业载体	创新培育载体
34	丽水(浙江)	0.035	0.052(29)	0.005(34)	0(39)
35	黄山(安徽)	0.033	0.048(32)	0(37)	0.017(29)
36	淮南(安徽)	0.027	0.035(36)	0.016(33)	0(38)
37	六安(安徽)	0.026	0.030(38)	0.020(32)	0.013(31)
38	阜阳(安徽)	0.025	0.038(33)	0(38)	0.003(37)
39	亳州(安徽)	0.014	0.020(40)	0(40)	0.005(35)
40	宿州(安徽)	0.013	0.020(39)	0(39)	0(40)
41	淮北(安徽)	0.007	0.011(41)	0(41)	0(41)

注：二级指标后括号内为排名。

（三）科技创新产出指数及城市排名

科技创新产出指数由2个二级指标构成，分别是科技研发成果、成果转化与产业化。表4显示了2017年长三角41个城市科技创新产出指数及排名。排前十位的城市分别是上海、南京、苏州、杭州、合肥、无锡、常州、芜湖、镇江、宁波，其中，除上海外，江苏、浙江和安徽分别有5个、2个、2个城市进入。在未进入前十位的城市中，有些城市在个别指标上表现突出。例如，湖州（排名第12）的科技研发成果得分排名第10位，南通（排名第11）、泰州（排名第13）的成果转化与产业化得分分别排名第8、第10位。

表4　2017年长三角41个城市科技创新产出指数及排名

一级指标排序	城市	一级指标得分	二级指标	
			科技研发成果	成果转化与产业化
1	上海	0.703	0.812(1)	0.594(2)
2	南京(江苏)	0.639	0.775(2)	0.503(4)
3	苏州(江苏)	0.592	0.467(4)	0.717(1)
4	杭州(浙江)	0.464	0.575(3)	0.354(9)
5	合肥(安徽)	0.450	0.342(5)	0.558(3)
6	无锡(江苏)	0.366	0.269(7)	0.463(5)
7	常州(江苏)	0.324	0.196(11)	0.453(6)

续表

一级指标排序	城市	一级指标得分	二级指标	
			科技研发成果	成果转化与产业化
8	芜湖(安徽)	0.315	0.206(9)	0.425(7)
9	镇江(江苏)	0.312	0.278(6)	0.345(11)
10	宁波(浙江)	0.301	0.257(8)	0.345(12)
11	南通(江苏)	0.260	0.127(13)	0.393(8)
12	湖州(浙江)	0.245	0.205(10)	0.286(15)
13	泰州(江苏)	0.204	0.056(23)	0.352(10)
14	嘉兴(浙江)	0.203	0.119(15)	0.287(13)
15	扬州(江苏)	0.185	0.083(20)	0.287(14)
16	徐州(江苏)	0.173	0.091(19)	0.254(16)
17	台州(浙江)	0.157	0.092(18)	0.221(17)
18	绍兴(浙江)	0.157	0.129(12)	0.185(21)
19	马鞍山(安徽)	0.152	0.117(16)	0.187(20)
20	盐城(江苏)	0.120	0.063(22)	0.177(22)
21	连云港(江苏)	0.119	0.031(29)	0.207(18)
22	温州(浙江)	0.117	0.123(14)	0.111(26)
23	铜陵(安徽)	0.109	0.028(31)	0.190(19)
24	蚌埠(安徽)	0.103	0.043(26)	0.163(23)
25	舟山(浙江)	0.097	0.115(17)	0.079(32)
26	衢州(浙江)	0.091	0.054(24)	0.129(24)
27	金华(浙江)	0.09	0.079(21)	0.101(29)
28	滁州(安徽)	0.083	0.037(28)	0.128(25)
29	宣城(安徽)	0.071	0.046(25)	0.096(30)
30	黄山(安徽)	0.069	0.027(32)	0.111(27)
31	淮安(江苏)	0.066	0.023(33)	0.109(28)
32	池州(安徽)	0.047	0.011(36)	0.083(31)
33	淮北(安徽)	0.042	0.021(34)	0.063(33)
34	丽水(浙江)	0.041	0.038(27)	0.044(35)
35	安庆(安徽)	0.038	0.019(35)	0.056(34)
36	淮南(安徽)	0.025	0.03(30)	0.019(39)
37	宿迁(江苏)	0.023	0.005(39)	0.040(36)
38	阜阳(安徽)	0.017	0.004(40)	0.031(37)
39	六安(安徽)	0.014	0.006(38)	0.022(38)
40	亳州(安徽)	0.014	0.008(37)	0.019(40)
41	宿州(安徽)	0.008	0.004(41)	0.013(41)

注：二级指标后括号内为排名。

（四）科技创新绩效指数及城市排名

科技创新绩效指数由2个二级指标构成，分别是投入产出绩效、驱动转型绩效。表5显示了长三角41个城市科技创新绩效指数及排名。排前十位的城市分别是南京、芜湖、合肥、苏州、镇江、杭州、常州、南通、泰州、宁波，其中，除上海外，江苏、浙江和安徽分别有6个、1个、2个城市进入。在未进入前十位的城市中，有些城市在个别指标上表现突出。例如，亳州（排名第16）、舟山（排名第19）、淮北（排名第29）、安庆（排名第36）的投入产出绩效得分分别排名第2、第4、第6、第9位。

表5　2017年长三角41个城市科技创新绩效指数及排名

一级指标排序	城市	一级指标得分	二级指标	
			投入产出绩效	驱动转型绩效
1	南京(江苏)	0.628	0.633(1)	0.681(7)
2	芜湖(安徽)	0.612	0.374(11)	0.731(3)
3	合肥(安徽)	0.600	0.385(5)	0.745(2)
4	苏州(江苏)	0.583	0.300(19)	0.750(1)
5	镇江(江苏)	0.572	0.447(3)	0.648(11)
6	杭州(浙江)	0.560	0.380(7)	0.701(6)
7	常州(江苏)	0.541	0.246(30)	0.717(4)
8	南通(江苏)	0.532	0.232(31)	0.705(5)
9	泰州(江苏)	0.516	0.211(35)	0.681(8)
10	宁波(浙江)	0.516	0.270(24)	0.664(9)
11	无锡(江苏)	0.489	0.214(34)	0.663(10)
12	湖州(浙江)	0.487	0.377(8)	0.535(16)
13	扬州(江苏)	0.467	0.247(29)	0.599(13)
14	嘉兴(浙江)	0.463	0.220(33)	0.600(12)
15	池州(安徽)	0.461	0.376(10)	0.461(22)
16	亳州(安徽)	0.456	0.601(2)	0.293(32)
17	马鞍山(安徽)	0.444	0.269(25)	0.540(14)
18	滁州(安徽)	0.435	0.330(17)	0.457(23)
19	舟山(浙江)	0.429	0.421(4)	0.416(25)
20	衢州(浙江)	0.422	0.344(14)	0.439(24)

续表

一级指标排序	城市	一级指标得分	二级指标	
			投入产出绩效	驱动转型绩效
21	蚌埠(安徽)	0.420	0.251(28)	0.500(18)
22	徐州(江苏)	0.420	0.323(18)	0.466(21)
23	连云港(江苏)	0.418	0.252(26)	0.494(19)
24	台州(浙江)	0.418	0.277(22)	0.490(20)
25	宣城(安徽)	0.418	0.359(12)	0.413(26)
26	铜陵(安徽)	0.416	0.182(39)	0.537(15)
27	上海	0.378	0.205(36)	0.512(17)
28	温州(浙江)	0.364	0.337(15)	0.386(28)
29	淮北(安徽)	0.334	0.383(6)	0.283(34)
30	盐城(江苏)	0.327	0.198(37)	0.389(27)
31	黄山(安徽)	0.306	0.290(21)	0.289(33)
32	金华(浙江)	0.305	0.252(27)	0.330(30)
33	绍兴(浙江)	0.301	0.190(38)	0.360(29)
34	六安(安徽)	0.285	0.296(20)	0.240(36)
35	阜阳(安徽)	0.282	0.357(13)	0.189(37)
36	安庆(安徽)	0.282	0.377(9)	0.176(38)
37	淮安(江苏)	0.273	0.173(40)	0.324(31)
38	丽水(浙江)	0.250	0.229(32)	0.247(35)
39	淮南(安徽)	0.193	0.272(23)	0.148(39)
40	宿州(安徽)	0.161	0.331(16)	0.018(41)
41	宿迁(江苏)	0.116	0.072(41)	0.130(40)

注：二级指标后括号内为排名。

三 长三角科技创新驱动力10强城市分析

依据综合指数得分，上海、南京、苏州、杭州、合肥、无锡、宁波、常州、镇江、芜湖是长三角科技创新驱动力最强的10个城市（见图1）。根据自然断裂点法，按综合指数得分进一步将上述城市分为三个等级，上海是第一梯队，南京、苏州、杭州、合肥是第二梯队，无锡、芜湖、常州、宁波、镇江是第三梯队（见图2）。

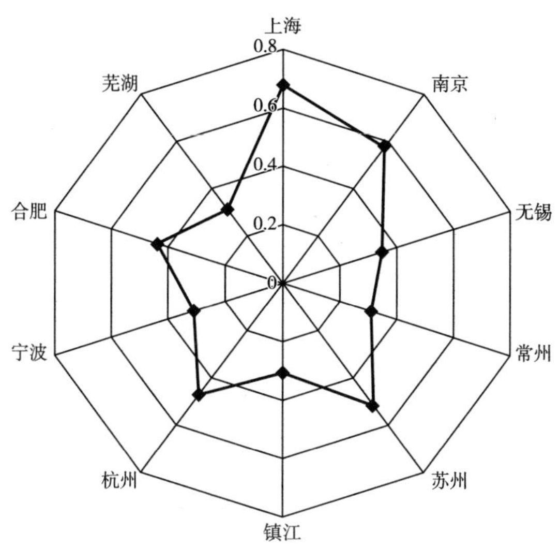

图 1　长三角科创驱动力 10 强城市综合指数比较

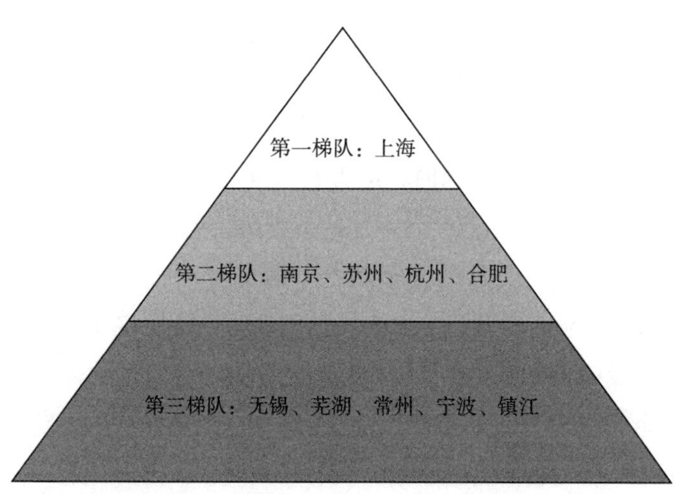

图 2　长三角科创驱动力 10 强城市梯队分布

上海在科技创新投入、载体和产出方面都位居榜首，在二级指标上，除人力资源投入排名第 2、高新产业载体排名第 4、成果转化与产业化排名第 2 外，其他指标都排首位，表明上海在科技创新方面的投入产出和载体平台的体量都较大，但在科技创新绩效方面表现不佳，排第 27 位，只处在长三角的中下游水平，这与上海在其他方面的优势形成巨大反差（见表 6）。

表 6　2017 年上海科技创新驱动力一、二级指标得分及排名

一级指标	得分	排名	二级指标	得分	排名
科技创新投入	0. 791	1	科技研发投入	0. 874	1
			人力资源投入	0. 663	2
			创新基础投入	0. 882	1
科技创新载体	0. 774	1	科技研发载体	0. 900	1
			高新产业载体	0. 356	4
			创新培育载体	1. 000	1
科技创新产出	0. 703	1	科技研发成果	0. 812	1
			成果转化与产业化	0. 594	2
科技创新绩效	0. 378	27	投入产出绩效	0. 205	36
			驱动转型绩效	0. 512	17

从科技创新投入来看，2017 年，上海的研发经费高达 1205 亿元，而在其他城市中，研发经费投入最高的杭州才 402 亿元，上海的研发强度将近 4%，研发人员超过 26 万，同时，地方财政实力雄厚，科技支出达到 7548 亿元，人均教育投入超过 3600 元，这些都为科技创新发展奠定了扎实基础。从科技创新载体来看，上海的高等教育资源丰富，拥有 64 所高校，其中，一流大学 4 所，一流学科建设大学 9 所，国家重点实验室和国家重大科学装置等科学基础设施集中布局在上海。同时，企业是创新的主体，虽然在上海的规模以上企业中设立研发机构的占比不高，但独角兽企业数量达到 36 家，这些企业是未来科创板的备选企业，具有较大的创新潜力。此外，上海的创新培育载体优势尤为突出，国家级科技孵化器、众创空间数远超其他城市，各类风险投资机构高度聚集，数量高达 3200 余家，并且国家级园区和国家级大学科技园区的规模也位居前列。从科技创新产出来看，上海的 SSCI 论文和发明专利产出数量分别超过 35 万篇和 2 万件，成果转化成绩斐然，技术合同交易额达到 857 亿元，高新技术产业产值高达到 7233 亿元。从科技

创新绩效来看，尽管上海的科技创新产出很大，但投入也很大，导致投入产出绩效不佳，而在驱动转型绩效中，除了生产性服务业占比领先，上海在高新技术产业产值占比和从业人员人均规模以上工业增加值方面的表现都不尽人意。综上所述，上海科技创新的资源丰富，产出总量庞大，但效率有待提升。

南京、苏州、杭州、合肥是仅次于上海的长三角科技创新中坚力量，表7显示了这四个城市的一级指标得分和排名，与上海不同的是，它们在科技创新投入、载体、产出、绩效四个方面的表现比较均衡，但相对来说，南京、合肥在绩效方面，苏州在载体和产出方面，杭州在投入方面的表现更为突出。

表7　2017年南京、苏州、杭州、合肥科技创新驱动力一级指标得分及排名

一级指标	南京		苏州		杭州		合肥	
	得分	排名	得分	排名	得分	排名	得分	排名
科技创新投入	0.540	2	0.470	4	0.473	3	0.368	5
科技创新载体	0.486	2	0.408	3	0.394	4	0.361	5
科技创新产出	0.639	2	0.592	3	0.464	4	0.450	5
科技创新绩效	0.628	1	0.583	4	0.560	6	0.600	3

表8显示了南京、苏州、杭州、合肥四个城市的二级指标得分与排名。南京的科技创新绩效优势主要体现在投入产出绩效方面，排名首位，而驱动转型绩效的表现相对不佳。同时，南京的高校和科研院所众多，科学研究能力突出，因此，南京在人力资源投入、科技研发载体、科技研发成果这三方面的优势也较大。苏州在高新产业载体、成果转化与产业化、驱动转型绩效方面表现优异，得分都居首位，而苏州的短板是投入产出绩效指标排名不高，仅处在长三角的中游水平。杭州各方面表现比较均衡，在科技创新投入、载体和成果产出方面都有一定优势，相对而言，杭州在成果转化与产业化方面的表现相对不佳，主要是技术合同交易额偏低。合肥拥有众多科学基础设施，在科学研发载体方面具有一定优势，成果转化和产业化的表现也不错，技术合同交易额和高新技术产业产值的体量都较大，此外，驱动转型绩

效排名高居第2位，但主要问题是经济发展水平仍滞后于江浙沪地区，体现在创新基础投入有待加强。

表8　2017年南京、苏州、杭州、合肥科技创新驱动力二级指标得分及排名

一级指标	二级指标	南京		苏州		杭州		合肥	
		得分	排名	得分	排名	得分	排名	得分	排名
科技创新投入	科技研发投入	0.396	4	0.477	2	0.441	3	0.371	6
	人力资源投入	0.723	1	0.426	4	0.495	3	0.426	5
	创新基础投入	0.464	4	0.545	2	0.491	3	0.245	16
科技创新载体	科技研发载体	0.564	2	0.201	5	0.371	4	0.454	3
	高新产业载体	0.292	5	0.846	1	0.377	3	0.185	7
	创新培育载体	0.468	4	0.662	2	0.584	3	0.198	7
科技创新产出	科技研发成果	0.775	2	0.467	4	0.575	3	0.342	5
	成果转化与产业化	0.503	4	0.717	1	0.354	9	0.558	3
科技创新绩效	投入产出绩效	0.633	1	0.300	19	0.380	7	0.385	5
	驱动转型绩效	0.681	7	0.750	1	0.701	6	0.745	2

无锡、芜湖、常州、宁波、镇江是长三角科技创新的重要节点城市，其中，浙江和安徽各有1个城市，其余均为江苏城市。表9显示了这5个城市的科技创新驱动力一级指标得分和排名。总体而言，这些城市的各项一级指标得分与其综合排名相吻合，值得注意的是，芜湖的科技创新绩效表现突出，仅次于南京，排名第2位，但科技创新载体排名不高，同时，镇江、常州也有类似特征。

表10显示了这5个重要节点城市的科技创新驱动力二级指标排名。无锡在科技培育载体、成果转化与产业化方面的表现比其他方面更优异，芜湖在科技研发投入、驱动转型绩效方面的表现比其他方面更优异，常州在创新培育载体、成果转化与产业化、驱动转型绩效方面的表现比其他方面更优异，宁波在创新基础投入方面的表现比其他方面更优异，镇江在科技研发成果、投入产出绩效方面的表现比其他方面更优异。同时，除芜湖和镇江外，其他城市的投入产出绩效都表现不佳，排第20名甚至第30名以后。此外，常州和镇江的高新产业载体排名也较靠后，主要是国家级高新区和经济技术开发区的开发数量

和规模需要进一步提升；芜湖的创新基础投入较弱，主要原因是地区经济发展水平仍有待提升，而科技创新载体方面的各项指标都偏弱。

表 9　2017 年无锡等 5 个第三梯队城市的科技创新驱动力一级指标排名

城市	科技创新投入	科技创新载体	科技创新产出	科技创新绩效
无锡	6	6	6	11
芜湖	9	22	8	2
常州	8	14	7	7
宁波	7	8	10	10
镇江	10	16	9	5

表 10　2017 年无锡等 5 个第三梯队城市的科技创新驱动力二级指标排名

一级指标	二级指标	无锡	芜湖	常州	宁波	镇江
科技创新投入	科技研发投入	7	5	9	8	13
	人力资源投入	6	12	8	9	7
	创新基础投入	6	24	7	5	9
科技创新载体	科技研发载体	6	21	12	8	11
	高新产业载体	10	16	31	14	25
	创新培育载体	5	20	6	9	13
科技创新产出	科技研发成果	7	9	11	8	6
	成果转化与产业化	5	7	6	12	11
科技创新绩效	投入产出绩效	34	11	30	24	3
	驱动转型绩效	10	3	4	9	11

附录：长三角科技创新驱动力评价方法

本报告构建的长三角科技创新驱动力指标评价体系如表 11 所示。指标计算采用的主要科技和经济统计资料来源于中国城市统计年鉴、各省市统计年鉴和统计公报，科技部、各省科技厅、各市科技局及相关部门网站。此外，论文数据根据 web of science 网站检索得到，风险投资机构数据根据清科数据库的投资界网站得到。需要说明的是，信息化水平指标采用人均互联网宽带接入用户数衡量；高等院校数量指标的统计方法是，1 所一流大学折算为 2 所一流学科建设大学，1 所一流学科建设大学折算为 2 所普通高校；国家级重点实验室指标的统计方法是，1 家国家实验室折算为 3 家国家级重点实验室；国家级园区指标在统计中包括国家级高新区和国家级经济技术开发区；生产性服务业占比指标采用生产性服务业的从业人数占服务业总从业人数的比重。①

表 11　长三角科技创新驱动力指标评价体系

一级指标	二级指标	三级指标
科技创新投入	科技研发投入	研发经费(亿元)
		研发强度(%)
		科技经费占地方财政支出比重(%)
	人力资源投入	研发人员数(人)
		每万人从业人口中研发人员数(人)
		每十万城市人口中在校研究生数量(人)
	创新基础投入	人均 GDP(元)
		地方财政支出(亿元)
		人均教育投入(人)
		信息化水平(户/百人)
科技创新载体	科技研发载体	高等院校(所)
		国家工程技术中心、国家级企业技术中心(家)
		国家级重点实验室(家)
		国家重大科学装置(家)
		规模以上工业企业中设立研发机构企业占比(%)
		独角兽企业数(家)
	高新产业载体	国家级园区面积(平方公里)
		国家级大学科技园区(家)
	创新培育载体	国家级科技企业孵化器(家)
		国家级众创空间(家)
		风险投资机构(家)

① 根据《中国城市统计年鉴》中的服务业类别，本研究将交通运输、仓储和邮政业，信息传输、计算机服务和软件业，金融业，租赁和商务服务业，科学研究、技术服务和地质勘查业认定为生产性服务业；批发和零售业、住宿和餐饮业等其他类别认定为生活性服务业。

续表

一级指标	二级指标	三级指标
科技创新产出	科技研发成果	国内授权发明专利总量(件)
		每万人国内授权发明专利数(件)
		科技论文发表总量(篇)
		每万人科技论文发表量(篇)
	成果转化与产业化	技术合同交易额总量(亿元)
		人均技术合同交易额(元)
		高新技术产业产值总量(亿元)
		人均高新技术产业产值(元)
科技创新绩效	投入产出绩效	每亿元研发投入产生的国内授权发明专利数(件)
		每亿元研发投入形成的高新技术产业产值(亿元)
		每亿元科技经费产生的科技论文数(篇)
	驱动转型绩效	高新技术产业产值占工业总产值比重(%)
		从业人员人均规模以上工业增加值(元)
		生产性服务业占服务业比重(%)

指标得分的具体计算过程如下：首先，运用极值法对各项三级指标的变量数据进行0～1标准化处理；其次，基于AHP-EVM模型，分别采用层次分析法（AHP）和熵值法（EVM）得到主观指标权重和客观指标权重，再基于客观指标权重对主观综合指标权重进行修正，从而得到综合指标权重；最后，通过将标准化后的各三级指标数值乘以权重再加总得到各城市的二级指标得分，同理可得各城市的科技创新驱动力专项指数（一级指标得分）和综合指数。

参考文献

[1] 王振等：《长江经济带创新驱动发展的协同战略研究》，上海人民出版社，2018。

[2] 黄亮、王振、范斐：《基于突变级数模型的长江经济带50座城市科技创新能力测度与分析》，《统计与信息论坛》2017年第4期。

[3] 王振、卢晓菲：《长三角城市群科技创新驱动力的空间分布与分层特征》，《上海经济研究》2018年第10期。

B.3

2019年长三角区域产业转型升级指数城市排名

海骏娇*

摘　要： 本报告对长三角地区41个城市2017年度的产业转型升级情况进行了全面评价。通过构建产业转型升级指标体系，对各城市产业转型升级综合指数以及结构优化、质量提升、产业创新、环境友好四个分领域分别进行排名。长三角区域产业转型升级综合指数排名前五位的城市分别为上海、南京、苏州、杭州、无锡。

关键词： 产业转型升级　指标体系　长三角

产业转型升级是长三角区域一体化发展的重要组成部分。本文通过构建产业转型升级指标体系，对长三角区域41个城市的产业转型升级情况进行全面评价。在延续上一年度指标体系总体框架的基础上，根据数据可得性和逻辑完整性，更新了部分三级指标，形成了包括4个领域（一级指标）、9个主题（二级指标）、24个具体指标的产业转型升级指标体系（见表1）。

---

* 海骏娇，上海社会科学院信息研究所助理研究员，主要研究方向为产业转型、区域可持续发展。

表 1　产业转型升级指数指标体系（2018 版）

<table>
<tr><th colspan="2">一级指标</th><th colspan="2">二级指标</th><th colspan="3">三级指标</th></tr>
<tr><th>名称</th><th>权重</th><th>名称</th><th>权重</th><th>序号</th><th>名称</th><th>权重</th></tr>
<tr><td rowspan="6">结构优化</td><td rowspan="6">0.3</td><td rowspan="4">产业结构</td><td rowspan="4">0.6</td><td>1</td><td>第二产业增加值占 GDP 比重</td><td>0.2</td></tr>
<tr><td>2</td><td>第三产业增加值占 GDP 比重</td><td>0.3</td></tr>
<tr><td>3</td><td>产业集聚度</td><td>0.2</td></tr>
<tr><td>4</td><td>外贸依存度</td><td>0.3</td></tr>
<tr><td rowspan="2">就业结构</td><td rowspan="2">0.4</td><td>5</td><td>非农产业从业人员比重</td><td>0.5</td></tr>
<tr><td>6</td><td>先进生产性服务业从业人员比重</td><td>0.5</td></tr>
<tr><td rowspan="5">质量提升</td><td rowspan="5">0.3</td><td rowspan="3">生产效率</td><td rowspan="3">0.5</td><td>7</td><td>人均 GDP</td><td>0.4</td></tr>
<tr><td>8</td><td>全员劳动生产率</td><td>0.3</td></tr>
<tr><td>9</td><td>建设用地土地生产率</td><td>0.3</td></tr>
<tr><td rowspan="2">投资效益</td><td rowspan="2">0.5</td><td>10</td><td>投资效益系数</td><td>0.5</td></tr>
<tr><td>11</td><td>工业企业固定资产利润率</td><td>0.5</td></tr>
<tr><td rowspan="7">产业创新</td><td rowspan="7">0.2</td><td rowspan="3">创新投入</td><td rowspan="3">0.3</td><td>12</td><td>R&D 经费投入强度</td><td>0.35</td></tr>
<tr><td>13</td><td>R&D 人员投入强度</td><td>0.35</td></tr>
<tr><td>14</td><td>科教支出占财政预算支出比重</td><td>0.3</td></tr>
<tr><td rowspan="2">创新产出</td><td rowspan="2">0.3</td><td>15</td><td>授权发明专利数量</td><td>0.5</td></tr>
<tr><td>16</td><td>高水平期刊科技类论文发表数量</td><td>0.5</td></tr>
<tr><td rowspan="2">成果转化</td><td rowspan="2">0.4</td><td>17</td><td>技术合同交易额</td><td>0.5</td></tr>
<tr><td>18</td><td>国家企业技术中心数量</td><td>0.5</td></tr>
<tr><td rowspan="6">环境友好</td><td rowspan="6">0.2</td><td rowspan="2">资源利用</td><td rowspan="2">0.5</td><td>19</td><td>单位用电量工业增加值</td><td>0.5</td></tr>
<tr><td>20</td><td>一般工业固体废弃物综合利用率</td><td>0.5</td></tr>
<tr><td rowspan="4">环境保护</td><td rowspan="4">0.5</td><td>21</td><td>排放严重超标的国控企业数量</td><td>0.4</td></tr>
<tr><td>22</td><td>单位工业增加值废水排放量</td><td>0.2</td></tr>
<tr><td>23</td><td>单位工业增加值废气排放量</td><td>0.2</td></tr>
<tr><td>24</td><td>单位工业增加值烟粉尘排放量</td><td>0.2</td></tr>
</table>

评价数据主要来源于《中国城市统计年鉴 2018》、三省一市 2018 年统计年鉴以及 2017 年度各类国家统计公报，评价时期为 2017 年发展情况。

一　产业转型升级综合指数排名

产业转型升级综合指数包含结构优化、质量提升、产业创新、环境友好四个领域，2017 年度长三角区域产业转型升级综合指数测算结果如表 2 所示。在 41 个城市中，排名前五的城市分别为上海、南京、苏州、杭州、无锡。在排名前十的城市中，除上海以外，江苏独占六席，浙江占据两席，安徽仅合肥一地上榜。

表 2　2017 年长三角区域产业转型升级综合指数排名

排 序	城 市	综合指数得分	排 序	城 市	综合指数得分
1	上 海	0. 785	22	淮 安	0. 379
2	南 京	0. 616	23	连云港	0. 375
3	苏 州	0. 612	24	亳 州	0. 370
4	杭 州	0. 597	25	马鞍山	0. 365
5	无 锡	0. 570	26	湖 州	0. 361
6	常 州	0. 556	27	丽 水	0. 359
7	宁 波	0. 522	28	盐 城	0. 356
8	合 肥	0. 499	29	滁 州	0. 355
9	扬 州	0. 491	30	宿 州	0. 354
10	镇 江	0. 472	31	阜 阳	0. 353
11	南 通	0. 459	32	衢 州	0. 351
12	泰 州	0. 442	33	黄 山	0. 350
13	台 州	0. 426	34	铜 陵	0. 348
14	嘉 兴	0. 411	35	宣 城	0. 342
15	绍 兴	0. 409	36	淮 北	0. 341
16	芜 湖	0. 407	37	六 安	0. 324
17	徐 州	0. 407	38	宿 迁	0. 316
18	金 华	0. 407	39	安 庆	0. 308
19	舟 山	0. 404	40	池 州	0. 305
20	温 州	0. 401	41	淮 南	0. 243
21	蚌 埠	0. 388			

资料来源：《中国城市统计年鉴 2018》、三省一市 2018 年统计年鉴、2017 年度各类国家统计公报。

上海排名第一，综合得分为 0. 785，远高于其他城市，在产业转型升级方面显现出龙头地位。上海在结构优化、质量提升、产业创新三个一级指标领域中，均列第 1 位，仅在环境友好领域排名欠佳，在 41 个城市中列第 9 位。因此，上海在未来产业转型升级中，应在保持创新驱动的基础上，更加重视绿色发展能力的提升。

南京、苏州、杭州、无锡分列第 2 至第 5 位，综合得分分别为 0.616、0.612、0.597、0.570，城市产业转型升级整体状况优异。这些城市的优势领域同样集中在结构优化、质量提升和产业创新方面，彼此略有不同。其中，苏州和杭州的发展相对全面，苏州在结构优化和质量提升领域均列第 2 位，在产业创新领域列第 4 位；杭州在结构优化领域和产业创新领域均列第 3 位，在质量提升领域列第 5 位。南京在产业创新领域列第 2 位，在结构优化领域列第 4 位；无锡在质量提升方面列第 4 位，在产业创新领域列第 6 位。

常州、宁波、合肥、扬州、镇江分列第 6 至第 10 位，综合得分分别为 0.556、0.522、0.499、0.491、0.472，城市产业转型升级整体状况良好。其中，常州在质量提升领域表现相对最优，排名第 3 位；宁波各领域发展相对平均，结构优化列第 6 位，质量提升和产业创新均列第 7 位；合肥在产业创新和环境友好领域表现优异，均列第 5 位；扬州在环境友好领域列第 2 位，在质量提升领域列第 8 位；镇江在环境友好领域列第 7 位。与排名靠前的城市相比，合肥、扬州、镇江三地在环境友好领域的表现更为优秀。

排名相对靠后的城市有安徽的淮南、池州、安庆、六安以及江苏的宿迁，这些城市的产业转型升级状况欠佳，亟待政策和各种资源的输入。

二　结构优化指数排名

结构优化领域包含产业结构和就业结构两个主题，2017 年长三角区域结构优化指数测算结果如表 3 所示。在 41 个城市中，排前五的城市分别为上海、苏州、杭州、南京、舟山。在排前十的城市中，浙江的城市占据六席，表现突出。

上海排第 1 名，得分为 0.679，同样远高于其他城市。在就业结构方面上海列第 1 位，在产业结构方面列第 2 位。在第三产业增加值占 GDP 比重、先进生产性服务业从业人员比重两个指标上，上海均列区域第 1 位，整体优势明显，无显著短板。

表3　2017年长三角区域结构优化指数排名

排序	城市	指数得分	排序	城市	指数得分
1	上海	0.679	22	湖州	0.402
2	苏州	0.562	23	池州	0.398
3	杭州	0.555	24	芜湖	0.387
4	南京	0.537	25	南通	0.383
5	舟山	0.511	26	黄山	0.382
6	宁波	0.488	27	连云港	0.380
7	无锡	0.484	28	绍兴	0.375
8	金华	0.479	29	扬州	0.373
9	丽水	0.472	30	淮北	0.367
10	衢州	0.466	31	泰州	0.362
11	常州	0.449	32	宣城	0.347
12	嘉兴	0.443	33	宿迁	0.340
13	阜阳	0.440	34	淮安	0.339
14	镇江	0.435	35	六安	0.330
15	温州	0.431	36	铜陵	0.311
16	亳州	0.429	37	淮南	0.302
17	合肥	0.420	38	徐州	0.302
18	马鞍山	0.417	39	滁州	0.296
19	宿州	0.408	40	盐城	0.287
20	蚌埠	0.407	41	安庆	0.175
21	台州	0.404			

资料来源：《中国城市统计年鉴2018》、三省一市2018年统计年鉴、2017年度各类国家统计公报。

苏州、杭州、南京、舟山分列第2至第5位，结构优化得分分别为0.562、0.555、0.537、0.511，城市产业结构和就业结构整体较为优化。其中，苏州在产业结构领域排名第1，外贸依存度位列区域第1，而就业结构得分相对欠佳，仅排名第26位。杭州在就业结构方面排名第2，产业结构排名第6，第三产业增加值占GDP比重和非农产业从业人员比重两项指标表现尤为突出。南京在就业结构方面排名第3，产业结构排名第9，同样在第三产业增加值占GDP比重和非农产业从业人员比重两项指标上表现优异。舟山在就业结构方面排名第6，产业结构排名第7，各项指标得分较为平均。

宁波、无锡、金华、丽水、衢州分列第 6 至第 10 位，结构优化得分分别为 0.488、0.484、0.479、0.472、0.466。其中，宁波各领域表现相对平均，产业结构位列第 5，就业结构位列第 7；无锡和金华在产业结构方面表现相对更优异，分别位列第 3 和第 4，而就业结构表现欠佳；丽水和衢州与之相反，在就业结构方面表现相对更优异，分别位列第 4 和第 5，而产业结构表现相对欠佳。

排名相对靠后的城市有安徽的安庆、滁州、淮南以及江苏的盐城、徐州，这些城市的各项经济结构指标的优化调整空间相对较大。

三　质量提升指数排名

质量提升领域包含生产效率和投资效益两个主题，2017 年长三角区域质量提升指数测算结果如表 4 所示。在 41 个城市中，排前五的城市分别为上海、苏州、常州、无锡、杭州。在排前十的城市中，江苏的城市占据六席，浙江的城市占据三席。

上海排名第 1，得分为 0.810，领先地位明显。在投资效益方面上海位列第 1，表现优秀，在生产效率方面仅位列第 6，表现相对欠佳。在投资效益系数指标上，上海位列区域第 1；在全员劳动生产率和工业企业固定资产利润率两个指标上，表现同样优异，分别达到 0.808 分和 0.754 分。

苏州、常州、无锡、杭州分列第 2 至第 5 位，质量提升得分分别为 0.743、0.743、0.737、0.729，产业发展质量整体较为优异。其中，苏州在生产效率领域排名第 2，人均 GDP 指标位列区域第 1，同时投资效益方面排名第 5 位。无锡在生产效率方面得分排名第 1，全员劳动生产率在长三角区域中最高，人均 GDP 和建设用地土地生产率指标同样表现不俗，而投资效益方面仅排名第 8 位。常州和杭州在生产效率和投资效益方面表现均较为平均，常州在上述两个方面分别位列第 3 和第 4，杭州分别位列第 4 和第 3。

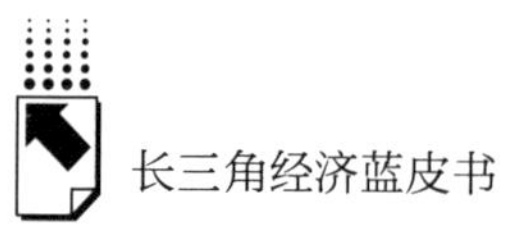

表 4　2017 年长三角区域质量提升指数排名

排序	城市	指数得分	排序	城市	指数得分
1	上海	0.810	22	铜陵	0.326
2	苏州	0.743	23	宿迁	0.320
3	常州	0.743	24	盐城	0.317
4	无锡	0.737	25	宣城	0.312
5	杭州	0.729	26	连云港	0.306
6	南京	0.678	27	衢州	0.304
7	宁波	0.634	28	舟山	0.300
8	扬州	0.566	29	金华	0.295
9	泰州	0.486	30	安庆	0.277
10	绍兴	0.481	31	丽水	0.276
11	南通	0.463	32	温州	0.251
12	镇江	0.448	33	蚌埠	0.243
13	台州	0.441	34	黄山	0.242
14	合肥	0.423	35	淮北	0.229
15	徐州	0.403	36	池州	0.227
16	芜湖	0.388	37	阜阳	0.224
17	滁州	0.380	38	宿州	0.220
18	马鞍山	0.371	39	亳州	0.176
19	淮安	0.356	40	六安	0.160
20	嘉兴	0.352	41	淮南	0.140
21	湖州	0.329			

资料来源：《中国城市统计年鉴 2018》、三省一市 2018 年统计年鉴、2017 年度各类国家统计公报。

南京、宁波、扬州、泰州、绍兴分列第 6 至第 10 位，质量提升指数得分分别为 0.678、0.634、0.566、0.486、0.481。其中，扬州在生产效率方面得分排名第 7，而投资效益方面仅排名第 16 位，两者差异较大。除扬州之外，南京、宁波、泰州和绍兴在生产效率和投资效益两方面排名均较为平均，分别位列第 5 和第 6、第 8 和第 7、第 12 和第 14、第 13 和第 13。

排最后五位的城市都在安徽，依次为淮南、六安、亳州、宿州和阜阳，这些城市产业发展质量相对较差，生产和投资效率亟待提高。

四 产业创新指数排名

产业创新领域包含创新投入、创新产出、成果转化三个主题，2017 年长三角区域产业创新指数测算结果如表 5 所示。在 41 个城市中，排前五的城市分别为上海、南京、杭州、苏州、合肥。相较而言，产业创新指数的极化程度尤为显著。

表 5 2017 年长三角区域产业创新指数排名

排 序	城 市	指数得分	排 序	城 市	指数得分
1	上 海	0.908	22	马鞍山	0.158
2	南 京	0.509	23	铜 陵	0.155
3	杭 州	0.507	24	连云港	0.131
4	苏 州	0.430	25	蚌 埠	0.124
5	合 肥	0.422	26	淮 安	0.101
6	无 锡	0.337	27	宣 城	0.098
7	宁 波	0.294	28	滁 州	0.095
8	芜 湖	0.287	29	衢 州	0.094
9	绍 兴	0.260	30	淮 南	0.089
10	常 州	0.237	31	丽 水	0.086
11	嘉 兴	0.236	32	宿 迁	0.083
12	湖 州	0.232	33	淮 北	0.082
13	镇 江	0.229	34	安 庆	0.074
14	台 州	0.224	35	舟 山	0.065
15	南 通	0.221	36	六 安	0.062
16	温 州	0.211	37	阜 阳	0.050
17	徐 州	0.195	38	宿 州	0.048
18	扬 州	0.188	39	亳 州	0.043
19	泰 州	0.171	40	黄 山	0.041
20	金 华	0.167	41	池 州	0.036
21	盐 城	0.164			

资料来源：《中国城市统计年鉴 2018》、三省一市 2018 年统计年鉴、2017 年度各类国家统计公报。

上海排名第 1，得分为 0.908，在创新领域的优势十分显著。在创新产出和成果转化方面，上海均位列第 1，授权发明专利数量、技术合同交易额、国家企业技术中心数量等指标优势明显。在创新投入方面，上海位列第 5，排名落后于苏州、芜湖、杭州和无锡，虽然 R&D 经费投入强度指标排名第 1，但是科教支出占财政预算支出比重指标表现不佳。

南京、杭州、苏州、合肥分列第 2 至第 5 位，产业创新得分分别为 0.509、0.507、0.430、0.422，与排名第 6 的无锡相比，领先优势显著。其中，南京在创新产出领域排名第 2，在成果转化领域排名第 4，因高校和科研院所汇聚，南京在单项指标高水平期刊科技类论文发表数量方面超过上海，居区域榜首。杭州在各分支领域均表现尚佳，在成果转化领域排名第 2，在创新投入和创新产出领域均排名第 3。苏州在创新投入领域排名第 1，R&D 人员投入强度居区域第 1，此外，在创新产出和成果转化方面同样表现不俗。合肥在成果转化领域排名第 3，国家企业技术中心数量众多。

无锡、宁波、芜湖、绍兴、常州分列第 6 至第 10 位，产业创新指数得分分别为 0.337、0.294、0.287、0.260、0.237。其中，芜湖、无锡两地在创新投入领域表现突出，分别排名第 2 和第 4，芜湖的科教支出占财政预算支出比重高居榜首，无锡的 R&D 人员投入强度具有较大的比较优势。宁波、绍兴、常州在三个二级指标领域排名均较为平均，各单项指标没有显著的短板。

排最后五位的城市依然都在安徽，依次为池州、黄山、亳州、宿州和阜阳，这些城市产业创新能力相对欠缺，产业创新驱动转型的动力不足。

五　环境友好指数排名

环境友好领域包含资源利用和环境保护两个主题，2017 年长三角区域环境友好指数测算结果如表 6 所示。在 41 个城市中，排前五的城市分别为亳州、扬州、蚌埠、六安、合肥。与其他三个主题领域相比，排名相似性极低。

表6　2017年长三角区域环境友好指数排名

排序	城市	指数得分	排序	城市	指数得分
1	亳州	0.896	22	盐城	0.710
2	扬州	0.858	23	金华	0.705
3	蚌埠	0.842	24	无锡	0.681
4	六安	0.823	25	苏州	0.673
5	合肥	0.812	26	滁州	0.667
6	南通	0.807	27	台州	0.638
7	镇江	0.806	28	宁波	0.631
8	安庆	0.786	29	铜陵	0.628
9	上海	0.782	30	嘉兴	0.628
10	徐州	0.782	31	宣城	0.623
11	宿州	0.779	32	芜湖	0.588
12	黄山	0.774	33	丽水	0.585
13	温州	0.772	34	杭州	0.552
14	泰州	0.765	35	池州	0.551
15	常州	0.754	36	宿迁	0.508
16	淮安	0.754	37	衢州	0.503
17	南京	0.749	38	绍兴	0.501
18	舟山	0.739	39	马鞍山	0.487
19	淮北	0.730	40	湖州	0.475
20	阜阳	0.720	41	淮南	0.464
21	连云港	0.713			

资料来源：《中国城市统计年鉴2018》、三省一市2018年统计年鉴、2017年度各类国家统计公报。

亳州排名第1，得分为0.896，是长三角区域环境友好指数得分最高的城市。在资源利用方面，亳州位列第1，单位用电量工业增加值指标得分全区最高。在环境保护领域，亳州排名第26位，单位工业增加值废气排放量指标得分相对较低。

扬州、蚌埠、六安、合肥分列第2至第5位，环境友好指数得分分别为0.858、0.842、0.823、0.812。其中，扬州、蚌埠、六安在资源利用方面表现更为突出，分别位列第2、第3、第6位。合肥在环境保护方面表现更为优异，位列区域第1。

南通、镇江、安庆、上海、徐州分列第6至第10位，环境友好指数得分分别为0.807、0.806、0.786、0.782、0.782。其中，上海、镇江、南通三地在环境保护方面表现更为突出，分别列第3、第5、第7位，上海的单位工业增加值工业废气排放量指标得分居首位。徐州、安庆在资源利用方面表现更为优异，分别位列区域第5和第8，徐州的一般工业固体废弃物综合利用率和单位工业增加值废水排放量两项指标的得分均位列区域第1。

排最后五位的城市分别为淮南、湖州、马鞍山、绍兴和衢州，这些城市产业发展的环境友好程度欠佳，在产业转型升级的同时，环境治理和管控任务艰巨。

产 业 篇

Industry Reports

B.4

2018～2019年长三角地区农业发展报告

戴伟娟*

摘 要： 长三角地区保有我国近4.1%的农业用地，以及约9.3%的耕地，承载了全国超过12.7%的农业从业人口，占全国7.9%的农业投资，2018年产出了全国13.7%的农业增加值；与种植业相比，长三角地区渔业和服务业的全国占比更高，是稻谷、油料、茶叶、蚕茧、柑橘、棉花、油茶籽和水产品的主产区；从土地单位产量来看，长三角地区谷物和油菜籽的土地产出率明显高于全国平均水平；从发展趋势来看，近年来长三角地区农用地面积呈下降趋势，粮食产量继续增长，第一产业就业人口占总就业人口的比重逐年下降。2017年，长三角地区农业就业

* 戴伟娟，上海社会科学院城市与人口研究所副研究员，主要研究方向为农业经济与农业人口。

人口占全国农业就业人口的比重与上年持平，农业投资占全国农业投资的比重有所提高。2018 年，长三角地区农业对全国农业经济的贡献度比上年有所下降。从农业现代化水平来看，长三角地区的农业科技进步贡献率普遍较高，均显著高于全国平均水平，综合机械化水平和设施化水平整体较高。2019 年，长三角地区各省市将继续落实乡村振兴战略，以推进农业供给侧结构性改革为主线，坚持绿色生态导向，加快农村一二三产业融合，促进农业高质量发展。

关键词： 农业　现代农业　长三角地区

长三角地区在我国农业发展总格局中具有重要战略地位，按照《全国农业可持续发展规划（2015 ~ 2030 年）》，长江三角洲三省一市（上海、江苏、浙江和安徽）均属于优化发展区，其中江苏省和安徽省是我国重要的农业大省。长三角占全国约 3.7% 的土地面积，2017 年，长三角三省一市保有我国 4.1% 的农业用地、9.3% 的耕地，承载了全国 12.7% 的农业从业人口，2018 年产出了全国 13.7% 的农业增加值。长三角地区的农业在全国具有重要的引领作用，农业现代化水平较高。该地区农业劳动生产率、机械化、设施化水平、农业科技贡献率等指标均显著高于全国平均水平。

一　长三角地区农业发展总体概况

（一）农业投入

1. 农用地仍逐年减少，但全国占比仍保持不变

2017 年，长三角地区 4 个省市农用地总面积约 26495 千公顷，占全国农用地总面积的比重连续四年保持在 4.1% 。与 2007 年相比，长三角区域

的农业用地减少了约500千公顷。与上年相比，长三角农业用地面积下降37千公顷（见表1）。

表1　长三角地区农业用地面积与全国比较

单位：千公顷，%

项目	2007年	2013年	2015年	2016年	2017年
长三角	26995	26671	26579	26532	26495
全国	950693	646168	645457	645127	644864
占全国的比重	2.8	4.1	4.1	4.1	4.1

资料来源：《中国统计年鉴2008》《中国统计年鉴2015》《中国统计年鉴2016》《中国统计年鉴2017》《中国统计年鉴2017》；下文关于农业用地的数据，若无特殊注明，来源相同。

与占全国3.7%的土地面积相比，长三角地区的耕地和园地资源相对丰富，林地资源一般，牧草地极少。2017年，长三角地区耕地面积、园地面积和牧草地面积分别约为12608.7千公顷、1234.5千公顷和0.9千公顷，占全国总面积的比重分别为9.3%、8.7%和0；根据第三次全国农业普查主要数据公报，2016年底，长三角地区林地经营面积约为7559.5千公顷，占全国林地面积比重为3.7%（见表2）。与第二次土地调查时期（2009年）相比，耕地、林地、园地和牧草地面积占全国的比重均有所下降。[①]与上年相比，2017年长三角地区耕地、园地、牧草地面积占全国的比重基本持平。

2. 农业人力投入相对稳定，农业就业占比较低

长三角地区农业劳动力的投入在绝对数上虽然逐年减少，但占全国的比重相对稳定。与前几年相比，长三角地区农业从业人口数量呈逐年下降趋势，占全国的比重相对稳定在12.7%上下。2017年，长三角地区农业从业人口数量继续减少，为2653万人，比上年减少84万人，但仍占全国的

① 根据第二次土地调查结果，至2009年底，长三角4个省市耕地、园地、林地和草地分别有1271万公顷、132万公顷、978万公顷和23万公顷，占全国四类农用地面积的比重分别为9.4%、8.9%、3.9%和0.1%。

12.7%（见表3）。与4.1%的农业用地占有率相比，长三角地区聚集了12.7%的农业从业人口，是我国重要的农业从业人员集聚区。

表2　长三角地区各类农地面积与全国比较

单位：千公顷，%

项目	耕地面积	林地经营面积	园地面积	牧草地面积	其他
长三角	12608.7	7559.5	1234.5	0.9	5091.0
占全国的比重	9.3	3.7	8.7	0.0	6.9

说明：林地经营面积来源于第三次全国农业普查数据报告，耕地、园地和牧草地面积资料来源于《中国统计年鉴2018》；下文关于农业用地的分类数据，若无特殊注明，来源相同。

表3　长三角地区农业从业人口数量与全国比较

单位：万人，%

项目	2014年	2015年	2016年	2017年
长三角	2881	2811	2737	2653
全国	22790	21919	21496	20944
占全国的比重	12.6	12.8	12.7	12.7

资料来源：全国及长江经济带各省市2012年、2014年、2015年、2016年、2017年和2018年统计年鉴；下文关于农业从业人口的数据，若无特殊注明，来源相同。

从就业结构来看，与全国平均水平相比，长三角第一产业从业人口占全部就业人口的比重较低。近年来，长三角地区第一产业从业人口比重逐年下降。2017年底，4个省市第一产业从业人口比重为18.5%，比全国平均水平低8.5个百分点（见图1）。在长三角地区全部就业人员中，农业的就业占比不到两成。

3. 农业投资有所下降，占总投资比重明显偏低

2017年，长三角地区农林牧渔业固定资产投资额为1814亿元，是2011年的约2.9倍，占全国农林牧渔业固定资产投资总额的7.9%，比2011年提高0.7个百分点。从2013年到2017年，长三角地区年平均农林牧渔业固定资产投资额为1532亿元，占全国农林牧渔业固定资产投资额的比重为7.7%（见图2）。

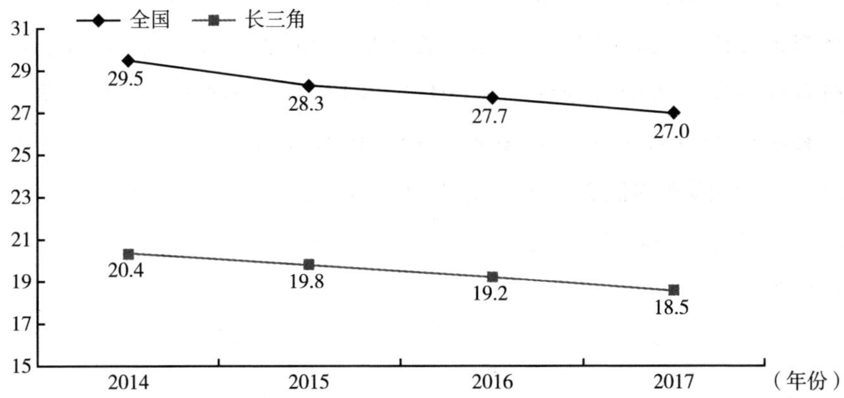

图1　2014～2017年长三角地区第一产业从业人口比重与全国比较

2011年以来，长三角地区对农业的投入逐年提高，占全国农业投资的比重在2014年、2015年和2017年达到较高水平，2016年有所下降，降幅0.4个百分点。这说明2017年长三角地区农业投资虽然有所下降，但下降幅度低于全国平均水平，故投资额占全国农业投资的比重不降反升。

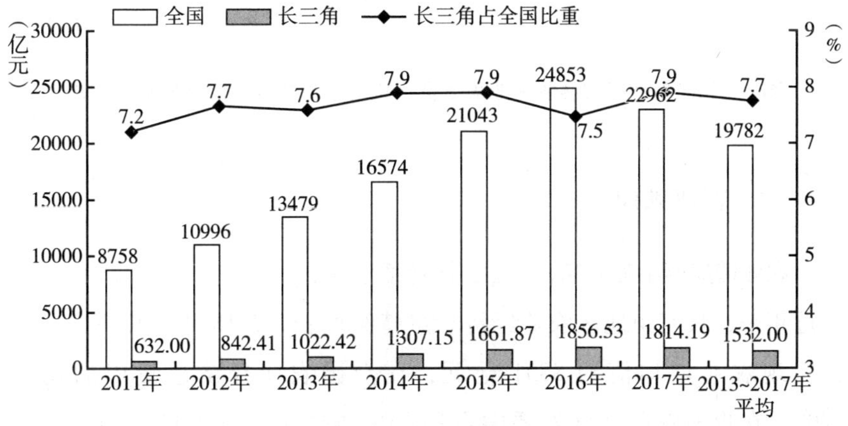

图2　2011～2017年长三角地区农林牧渔业固定资产投资额

资料来源：各省市数据来自国家统计局网站的“地区数据/分省年度数据”，全国数据来自国家统计局网站的“年度数据”；下文关于农林牧渔业固定资产投资的数据，若无特殊注明，来源相同。

从农业投资在各地区总投资中的地位来看，2017 年，长三角地区对农林牧渔业的固定资产投资占总投资额的比重为 1.5%，较全国平均农业投资比重低 2.1 个百分点。从 2013～2017 年的情况来看，长三角地区对农林牧渔业的投入占固定资产总投入的比重先升后降，五年平均为 1.5%，比全国平均低 2.1 个百分点（见图 3）。与第一产业在国民经济总收入中的比重（4.4%）相比，长三角地区对农林牧渔业的投资比重明显偏低。

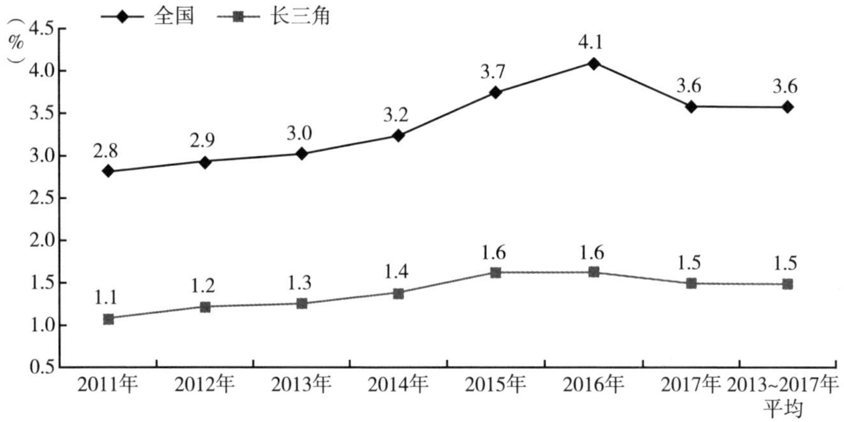

图 3　长三角地区农林牧渔业固定资产投资额占总投资比重与全国比较

（二）农业规模

1. 农业增加值小幅增加，全国占比持续下降

近年来，长三角地区农业经济总量持续增长，2018 年，长三角 4 个省市共实现农业增加值约 8851 亿元，在全国农业经济总量中的比重为 13.7%，在我国农业经济发展中发挥了重要作用。与 2017 年相比，2018 年，长三角地区的农业增加值比上年增长 2.1%（见表 4），明显低于全国的平均增速 4.2%。4 个省市除上海外均实现了不同程度的增长，其中江苏和安徽省增速相对较快，但增幅均未超过 2.5%。

表4　2017～2018年长三角地区农业增加值及占全国比重

单位：亿元，%

项目	长三角农业增加值	占全国的比重	长三角农业增加值贡献率	全国农业增加值贡献率
2017年	8672	14.0	4.4	7.6
2018年	8851	13.7	4.2	7.2
增长率	2.1	—	—	—

资料来源：各省数据来自国家统计局网站地区数据中的年度数；全国数据来自国家统计局网站中的年度数据；下文有关农业增加值的数据，若无特殊注明，来源相同。

随着经济发展，第一产业收入在国民经济总收入中的比重逐渐下降是世界共性规律。近年来，长三角地区第一产业增加值在地区生产总值中的贡献率呈逐年下降趋势，2018年该贡献率为4.2%，较2017年降低0.2个百分点，较同期全国第一产业增加值贡献率低3个百分点。

2. 农业总产值增速回落明显，渔业规模较大

2018年，长三角地区农业总产值继续保持增长态势，4个省市共实现农业总产值约1.5万亿元，占全国农业总产值的13.5%（见表5）。长三角地区农业总产值占全国的比重略低于农业增加值所占比重，显著高于农用地面积和耕地面积占全国的比重，对全国农业的总体贡献度较高。从增速变化来看，近年来，长三角地区农业总产值增速变化的地区差异比较明显，上海自2014年以后开始持续负增长，近年来浙江、江苏、安徽的增速均明显下降，2018年三省增速均未超过2.2%。

表5　2017～2018年长三角地区农业总产值及其占全国比重

单位：亿元，%

项目	2017年	2018年
长三角	15145	15312
中国	109332	113580
占全国的比重	13.9	13.5

资料来源：各省数据来自国家统计局网站地区数据中的年度数；全国数据来自国家统计局网站中的年度数据；下文有关农业总产值的数据，若无特殊注明，来源相同。

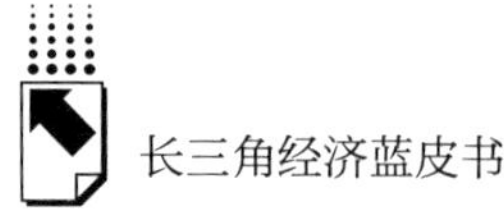

从各子行业来看，长三角地区的渔业和农林牧渔服务业规模相对较大，分别占全国总规模的27.3%和15%。

3. 粮食总产量和全国总产量占比均创新高

我国高度重视粮食自给能力，坚持“米袋子”省长负责制，长期鼓励粮食生产，扶持粮田基础设施建设。长三角地区和全国一样，粮食产量长期呈现上升趋势，在2016年小幅调整后，2017～2018年来仍保持了增长趋势（见图4）。

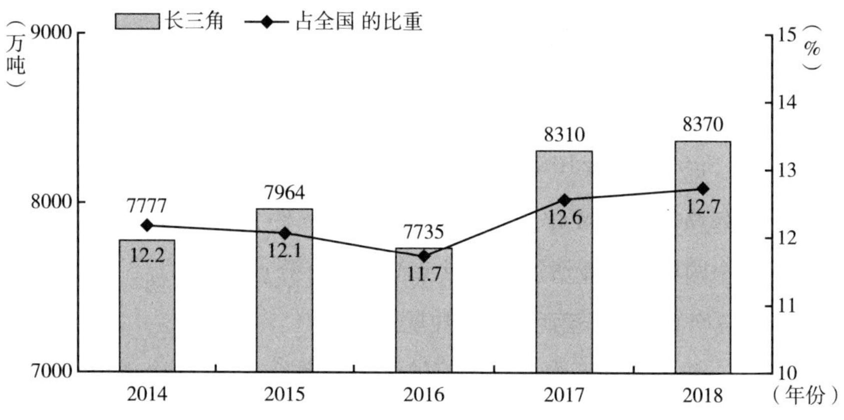

图4　2014～2018年长三角地区粮食总产量及其占全国比重

资料来源：各省数据来自国家统计局网站地区数据中的年度数；全国数据来自国家统计局网站中的年度数据；下文有关粮食产量的数据，若无特殊注明，来源相同。

2018年，长三角地区4个省市粮食总产量约8370万吨，高于上年的总产量；2010年，长三角地区产量占我国粮食总产量的比重为12.7%，之后一直在12.5%～12.9%波动。从粮食作物种类来看，长三角地区稻谷生产规模较大。除粮食外，长三角地区也是我国油料、茶叶、蚕茧、柑橘、水产品等特色农产品的重要产区。其中，安徽、江苏是棉花主产区，江苏和安徽省是油菜籽的主要产区。

（三）农业结构

1. 农地结构以耕地和林地为主

从农用地结构来看，2017年，长三角地区耕地面积、园地面积和牧草地面积的比重分别为47.6%、4.7%和0，如以2016年的林地经营面积估计2017年林地面积，则林地面积占比为28.5%。长三角地区的农业用地以耕地和林地为主（见表6）。

表6　长三角地区各类农地面积及与全国比较

单位：千公顷，%

项目	耕地面积（2017年）	林地面积（2016年）	园地面积（2017年）	牧草地面积（2017年）	其他（2017年）
长三角	12608.7	7559.5	1234.5	0.9	5091.0
农地结构	47.6	28.5	4.7	0.0	19.2
全国	134881.2	203046	14214.2	219320.3	73401.9
农地结构	20.9	31.5	2.2	34.0	11.4

资料来源：林地面积来源于全国和各省三次农业普查主要数据公报，为2016年底数据，其他资料来源于《中国统计年鉴2018》；下文关于农业用地的分类数据，若无特殊注明，来源相同。

与全国农地结构相比，长三角地区的耕地和园地资源较为丰富，林地面积相对较少，牧草地资源极少，其他用地相对较多。其中，耕地面积比重比全国高约27个百分点，其他农用地面积比全国高7.8个百分点，园地面积高2.5个百分点。

2. 农业经济以种植业为主，渔业和牧业其次

从农业总产值来看，与全国平均水平类似，长三角地区农业经济结构以种植业为主。2018年，长三角地区农业总产值构成中种植业占一半，其次是渔业和牧业，分别占21.6%和18.2%，林业和农林牧渔服务业比重较低，分别占4.4%和5.8%。近年长三角地区农业结构变化幅度较小，2018年，牧业比重有所下降，渔业、农林牧渔服务业和林业比重有所提高。

3. 与全国相近，渔业比重较大

与全国平均水平相比，长三角地区农业结构与全国相似，以种植业为主。但与全国的牧业一业次强相比，长三角的特点是两业次强，渔业比重较高，牧业其次。2018年，与全国平均水平相比，长三角地区的种植业和牧业产值较低，渔业较高，林业和农林牧渔服务业的比重相近。其中，长三角

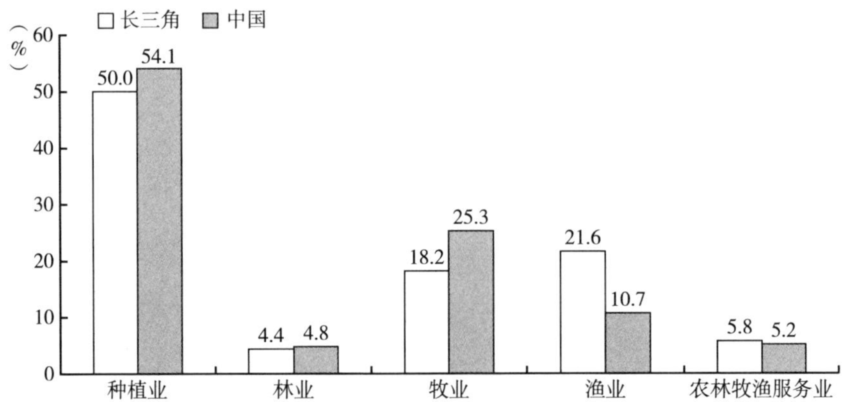

图5　2018年长三角地区农业结构与全国比较（农业总产值）

地区的种植业比重低4.1个百分点，牧业低7.1个百分点，渔业比重明显高于全国，比全国高10.9个百分点。

二　长三角农业发展的地区比较

对农业发展水平的衡量，目前在我国应用最广、最权威的仍属“国家现代农业示范区建设水平监测评价指标体系”。本研究将继续以2013年农业部办公厅印发《国家现代农业示范区建设水平监测评价办法（试行）》为依据，兼顾可比性和数据可获得性，继续选择农业经济增速、农业生产效率、农业物质装备水平等指标对长三角地区各地的农业发展水平进行简要的比较分析。

（一）农业经济增速回落明显，江苏表现突出

从对长三角地区的农业增加值的贡献来看，江苏省表现突出，农用地资源排第三位，耕地资源和农业从业人口均排在安徽之后，但2018年江苏省农业增加值占长三角地区的比重为46.8%，高出安徽17个百分点。浙江省以较少的农地资源和人力资源，贡献了22.2%的农业增加值（见表7）。

表7 长三角第一产业增加值与全国比较

单位：亿元，%

地区	2017年	2018年	增长率	占长三角比重
上海	111	104	-5.8	1.2
江苏	4045	4142	2.4	46.8
浙江	1934	1967	1.7	22.2
安徽	2582	2638	2.2	29.8
长三角	8672	8851	2.1	—
全国	62100	64734	4.2	—

从增速来看，2018年长三角地区各地第一产业增加值增长较慢，增长较快的仍是江苏省，为2.4%，其次为安徽省和浙江省，增长率分别为2.2%和1.7%，上海市增长率仍为负数，2018年比上年下降5.8%。长三角各省市农业经济增速均未达到全国平均水平。

（二）劳动生产率江浙突出，土地产出率各有千秋

农业劳动生产率①是衡量农业生产效率的重要指标之一。从每个农业从业人口创造的农业增加值来看，2017年长三角三省一市的劳动生产率仍然呈现明显的梯度特征，江浙地区较高，其次为上海，安徽较低，其中上海和安徽的劳动生产率低于全国平均水平。2017年，江苏和浙江的农业劳动生产率分别为5.06万元/人和4.32万元/人，上海和安徽分别为2.61万元/人和1.89万元/人。

从增速来看，与2016年相比，长三角地区三省一市第一产业劳动生产率均有所提高。其中，上海农业劳动生产率增幅较大，达到8.4%，其次为江苏，增长率为4.5%，浙江和安徽的劳动生产率年增幅均较小。2017年，长三角地区只有上海的农业劳动生产率增长率超过全国平均水平（见表8）。

① 根据国家核算方案，2012~2015年全员劳动生产率为地区生产总值（以2010年价格计算）与全部就业人员的比率，依此口径，农业劳动生产率为农业增加值与农业就业人员的比率。

表8　2017年长三角各省市农业劳动生产率

地区	农业增加值（亿元）	农业从业人口（万人）	农业劳动生产率（万元/人）	农业劳动生产率增长率（%）
上海	111	42	2.61	8.4
江苏	4045	799	5.06	4.5
浙江	1934	448	4.32	2.4
安徽	2582	1363	1.89	2.1
长三角	8672	2653	3.27	2.6
全国	111	20944	2.97	5.5

农业土地产出率也是衡量农业生产效率的重要指标之一。总体来看，作为谷物和油菜籽的主产区，长三角地区这两类产品的单产普遍较高，棉花和花生单产普遍较低（其中安徽省花生单产较高）。由于长三角各地区的自然条件和设施条件差异，除了各地的油菜籽单产均较高外，其他主要农产品的土地产出率具有一定的差异，如上海和浙江的谷物单产较高，安徽的花生单产较高，江苏的谷物和花生的单产均较高。

从谷物单产来看，2017年，全国谷物平均单产为6105公斤/公顷，长三角地区有3个省市的谷物单产高于全国平均水平，其中，上海谷物单产在长三角地区最高，其次是江苏和浙江，谷物单产均超过6500公斤/公顷（见表9）。上海和江苏两地的谷物单产甚至高于产粮大省黑龙江。

表9　2017年长三角地区主要农产品单产比较

单位：公斤/公顷

地区	谷物	棉花	花生	油菜籽
全国平均	6105	1769	3710	1995
上海	7562	—	2820	2177
江苏	6733	1238	3946	2840
浙江	6542	1324	2975	2101
安徽	5923	976	4951	2348

资料来源：《中国统计年鉴2018》。

从棉花单产来看，2017年，长三角地区4个省市单产仍均低于全国平均水平。从花生单产来看，长三角地区的安徽和江苏2个省单产高于全国平均水平，其中，安徽花生单产在全国名列前茅。从油菜籽单产来看，长三角地区4个省市的单产全部高于全国平均水平，其中江苏省单产高出全国平均水平约845公斤/公顷，表现突出。

（三）农机投入较大，沪苏综合机械化水平较高

2017年，总体来看，长三角地区农业机械投入力度较大。长三角地区的农业机械总动力占全国的比重为13.66%，与2016年相比，长三角的农业机械总动力占全国的比重下降了0.8个百分点。分省市来看，安徽和江苏两省的农业机械总动力规模较大，分别占我国总动力规模的6.39%和5.05%（见表10）。

表10　长三角各省市农业机械总动力比较

地区	2013年（万千瓦）	2015年（万千瓦）	2016年（万千瓦）	2017年（万千瓦）	总动力占全国比重(%)	每亩农地总动力(千瓦)
上海	113	119	122	122	0.12	0.26
江苏	4406	4826	4907	4991	5.05	0.51
浙江	2462	2361	2137	2072	2.10	0.16
安徽	6140	6581	6868	6313	6.39	0.38
长三角	13121	13887	14033	13498	13.66	0.34

资料来源：《中国统计年鉴》（2014年、2016～2018年）。

从农业用地面积和机械投入分别占全国的比重来看，长三角各省市的机械投入较高。比如，江苏省农地面积占全国的比重仅为1.00%，而总动力比重超过农地面积比重4个多百分点。总动力占全国的比重超出农业用地面积占全国比重的还有上海、浙江和安徽，说明整个长三角的农业机械投入力度较大。从单位面积机械投入来看，长三角三省一市的每亩农地总动力均超过全国平均水平，其中，江苏和安徽两地的亩均机械投入较大。

与上年相比，2017年长三角地区农业机械总动力有所下降，只有江苏省的农业机械总动力有所增加，上海与上年基本持平，浙江和安徽比上年均

有所减少。随着机械化的基本实现，可以预见，长三角地区的农业机械总动力将逐渐停止持续增长趋势。

从主要农作物综合机械化水平来看，长三角各地区均已超过75%，显著高于全国平均水平。[①] 其中，上海和江苏两地的农作物综合机械化水平均已超过80%。2017年上海市主要农作物机械化水平就已经达到89.3%。[②] 2018年江苏省农业综合机械化水平达到84%。[③] 浙江省2018年的水稻耕种收综合机械化率达到78.9%，茶叶基本实现全程机械化，食用菌机械化水平近80%，规模养猪场（此处指年出栏3000头以上）的自动化喂料系统覆盖率达到近70%，果菜生产的通用环节已实现机械化。[④] 2017年安徽省农作物耕种收综合机械化率也已达到75.3%。[⑤]

（四）设施化水平整体较高，沪苏表现突出

从耕地有效灌溉面积比重来看，2017年，长三角地区为81.5%，八成以上的耕地为可灌溉耕地，该比重高出全国平均水平31.2百分点。与2016年相比，除浙江外，长三角地区其他三省市可灌溉耕地面积比重均有所提高，增幅较高的仍是江苏省，为1.66个百分点。

2017年，长三角地区的上海市和江苏省两地的灌溉面积占耕地面积的比重较高，分别为99.6%和90.3%，浙江和安徽的耕地有效灌溉面积比重均高于70%（见表11）。

另外，长三角地区各省市的农业科技进步贡献率均高于全国平均水平。2018年，我国农业科技进步贡献率超过58.3%[⑥]，而上海市农业科技进步

---

① 《我国农作物耕种收综合机械化率已超68%》，广西来宾市农机化信息网，2019年6月28日。

② 上海市农业机械化管理办公室：《上海市三个区被评为全国主要农作物生产全程机械化示范县（市、区）》，上海农业委员会网站，2018年1月5日。

③ 参见江苏省2019年政府工作报告。

④ 《2019年全国农业机械化工作会议——浙江省农业农村厅副厅长唐冬寿发言》，中国农业机械化新闻网，2019年3月21日。

⑤ 《陶方启主任要求强力推进农业机械化》，安徽农机化网，2018年3月16日。

⑥ 《2019年全国农业机械化工作会议——浙江省农业农村厅副厅长唐冬寿发言》，中国农业机械化新闻网，2019年3月21日。

贡献率早在2015年就已达70%左右[①]，江苏省2018年达到68%[②]，浙江省和安徽省在2015年就分别达到62%[③]和60%[④]。

表11　长三角各省市耕地有效灌溉面积比重

单位：%，个百分点

地区	2015年	2016年	2017年	有效灌溉面积增幅
上海	99.2	99.5	99.6	0.05
江苏	86.4	88.7	90.3	1.66
浙江	72.4	73.2	73.1	-0.17
安徽	74.9	75.6	76.8	1.14
长三角	79.1	80.4	81.5	1.11
全国	48.8	51.6	50.3	-1.35

资料来源：根据国家统计局地区年度数据中的耕地面积和耕地灌溉面积计算。

三　长三角地区农业发展：2019年展望

从横向来看，长三角四省市由于经济发展程度差异，在农业发展方面的区域差异非常明显，安徽、浙江、江苏和上海的农业发展水平呈现梯度式上升态势；从纵向来看，长三角地区各省市的农业发展水平逐年提高。2019年是实施乡村振兴战略和“十三五”规划的关键年，长三角地区各省市将以实施乡村振兴战略为抓手，以推进农业供给侧结构性改革为主线，紧盯全面建成小康社会“三农”工作目标，迎接新中国成立70周年。2019年，长三角地区各省市将继续坚持绿色生态导向，加快农村一二三产业融合，促进农业高质量发展。

① 资料来源：《上海市现代农业“十三五”规划》。
② 参见江苏省2019年政府工作报告。
③ 资料来源：《浙江省现代农业发展“十三五”规划》。
④ 资料来源：《安徽省农业现代化推进规划（2016～2020年）》。

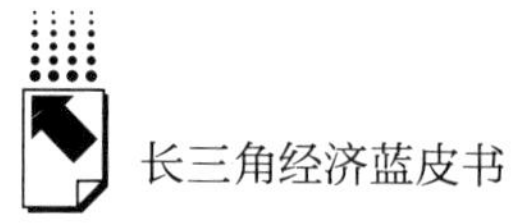

（一）重视粮食安全，确保重要农产品有效供给

国家粮食安全是底线，2019 年，长三角地区各省市将继续稳定粮食生产，推动“藏粮于地、藏粮于技”落地，确保粮食播种面积基本稳定。2019 年，江苏省将稳定水稻等主要粮食面积，加快粮食种植结构调整步伐，加大轮作休耕力度，调减非优势区低效粮食作物面积，积极发展绿色、应时的鲜果蔬菜等高效经济作物，注重调整粮经饲结构，鼓励养地。2019 年将稳定水稻面积在 3200 万亩以上。[①] 安徽省将新增高标准农田 360 万亩以上，并推进优质粮食工程，优化粮经比例；[②] 江苏省将全年计划完成 330 万亩高标准农田建设任务，发展高效节水灌溉面积 41 万亩。[③]

（二）积极发展绿色优质高效农业

一是鼓励绿色生产。2019 年，上海将着力实施“绿色田园”工程，增加优质绿色农产品生产，努力实现农业提质增效；涉农区将努力推进“三品一标”农产品认证，加快培育农业龙头企业，积极构建区域现代农业经营体系，发展由农业龙头企业带动农户的农产品线上线下一体联合经营的“绿色联盟”。大力发展绿色农业，积极建设现代农业产业园，创建生态循环农业示范区。上海市各区积极鼓励产品认证，纷纷提出 2019 年力争绿色食品认证率达到 15% 以上的目标，并积极创建生态循环农业示范区、国家有机产品认证示范创建区、设施蔬菜有机肥替代化肥试点区、国家农业科技园区、国家绿色食品原料（水稻）标准化基地，制定新一轮绿色农药源头管控补贴政策，全面推进绿色农药封闭式管控工作。江苏省将突出绿色防控示范，推进绿色防控示范区建设“提质扩面”，将建设省级绿色防控示范区 200 个，深入开展生物农药替代行动，力争生物物理等非化学防控技术覆盖

① 参见江苏省农业农村厅印发 2019 年全省种植业工作要点的通知。

② 参见安徽省 2019 年政府工作报告。

③ 参见江苏省财政厅农业处 2019 年工作要点。

率30%以上，绿色防控产品使用面积占比达79%以上。[①] 将开展千村万户（场、社）百企化肥减量增效行动，建设一批部省级化肥减量增效示范县，集成推广一批有机无机结合、农机农艺融合、速效缓效配合、灌溉施肥耦合的新技术、新模式、新装备、新机制，确保全省化肥使用总量较2015年下降4个百分点以上。力争测土配方施肥覆盖率达90%以上。加快建立全省废旧农膜回收利用网络，建成第一批15～20个废旧农膜回收利用示范县，确保全省废旧农膜回收利用率达73%左右。安徽省将增加优质绿色重要农产品有效供给，新增稻渔综合种养面积100万亩，培育“三品一标”农产品300个。[②] 持续推进秸秆综合利用和畜禽养殖废弃物资源化利用，综合利用率分别达89%和79%以上。[③]

二是加强品牌和特色。2019年，上海将加快培育农产品知名品牌，发展示范试点基地和园区，大力培育南汇水蜜桃、练塘茭白、白鹤草莓、松江大米、奉贤黄桃、庄行蜜梨、“贤城美谷”稻米、崇明金沙橘、崇明清水蟹，以及宝山的“宝农34”大米、超大食用菌、汉康豆制品等农产品品牌。浙江省将加强现代农业园区建设，做优做强十大优势特色产业，培育30条特色产业带。实施农业“三名”工程，振兴历史经典农产品，加快发展乡愁产业，打造丽水山耕、三衢味、景宁600等生态品牌，开展生态产品价值实现机制试点。[④] 江苏省将积极发展优势特色产业，巩固发展蚕桑、园艺等传统优势特色产业。将加强优质蚕茧示范基地建设，着力培育一批经营规模在10～20亩的蚕桑大户。积极发展设施葡萄、设施草莓等应时鲜果，建设长江枇杷带，发展现代生态标准果园。进一步加强高抗、优质、特异茶树新品中引选推广工作，开展花卉种苗集约化育苗栽培，示范推广产出高效、品质优良、资源节约、环境友好的现代花卉生产模式。[⑤]

① 参见江苏省农业农村厅印发《2019年全省种植业工作要点的通知》。

② 韩震震：《深入实施乡村振兴战略 安徽划出2019年工作重点》，人民网，2019年1月14日。

③ 参见安徽省2019年政府工作报告。

④ 参见浙江省2019年政府工作报告。

⑤ 参见江苏省2019年全省种植业工作要点。

（三）不断提升农业现代化水平

一是将继续促进农业适度规模经营。一方面，长三角地区将继续促进农业的规模经营，如上海将继续鼓励发展粮经型、蔬果型等类型家庭农场，规范提升农民合作社，加快培育一批农业龙头企业。[①] 另一方面，将继续提高农民培训质量，如浙江省将实施高素质农民培育计划和农村实用人才培训计划。重点培训家庭农场、专业大户、农民专业合作社、农业企业、农创客、农业社会化服务组织等新型农业经营主体带头人和技术、管理、服务骨干人员，农村电商、乡村旅游、农业经理人等新产业、新业态领域的创业人员专业大户、家庭农场主、农民合作社骨干，以及在农业企业、农民合作社、家庭农场等新型农业经营主体中的骨干。[②]

二是将大力推进机械化。2019 年，长三角地区各省市将继续学习贯彻《关于加快推进农业机械化和农机装备产业转型升级的指导意见》。浙江省将推进农业“机器换人”示范工程创建，指导部分县申报并创建全国主要农作物生产全程机械化示范县，加快推进农业“机器换人”由水稻向其他主导产业拓展，全年创建示范县（含主导产业示范县）10 个、示范乡镇（园区）30 个和示范基地 50 个，加快先进适用技术装备普及应用，提升重点产业关键环节机械化水平，实现水稻耕种收综合机械化水平达到 80%，批次粮食烘干能力 11.5 万吨；[③] 安徽省 2019 年将安排 12.789 亿元农机补贴资金，推动农业机械化，计划全省农作物耕种收综合机械化率稳定在 79% 以上。[④]

三是将促进农业信息化。江苏省 2019 年将继续实施“数字乡村”战略，推进互联网与农业深度融合。计划全省规模设施农业物联网技术推广应

---

① 陈晨：《展望 2019：鼓励农民成为经营“多面手”，发展粮经型、蔬果型家庭农场》，文汇网，2019 年 1 月 27 日。

② 参见浙江省农业农村厅《关于做好 2019 年农民教育培训工作的通知》。

③ 浙江省农业农村厅：《2019 年全省农业机械化工作要点》，2019 年 3 月 26 日。

④ 安徽省农业农村厅：《安徽省 2019 年农业机械化工作会议在合肥召开》，安徽农业农村厅网站，2019 年 4 月 30 日。

用面积占比达19%，农业信息化覆盖率达到64%，“一村一品一店”省级示范村建设数量累计达到800个，建设省级农业电子商务示范基地140个左右；[①] 上海将加快先进现代信息技术在农业生产中的试点应用，农业生产方式将更加组织化、规模化和智能化。涉农区努力打造区域公用品牌，提升郊区地区农产品的线上销售率。

（四）推进农业与二三产业融合发展

2019年，长三角各省市将大力发展休闲农业和乡村旅游，深化农产品加工业，推进农业与二三产业的融合发展。

一是将深化农产品加工业。安徽省将深化农产品加工业提升行动，2019年将新增5个产值超50亿元的农产品加工示范园区。[②]

二是将促进农业与旅游业的融合。上海提出要把乡村打造为美丽家园、绿色田园、幸福乐园，积极推进乡村民宿、“农商旅”融合的田园综合体发展，加快“乡悦华亭”“云间吾舍”向阳村田园综合体等项目建设，积极开发休闲农旅，举办各类农产品文化活动节，促进古镇开发与周边乡村休闲农业、乡村民宿联动发展。安徽省将继续培育发展休闲观光农业，2019年将创建2个国家农村产业融合发展示范园。[③]

三是将加快发展农业“互联网+”。浙江省将创建“互联网+”三农先行区；[④] 江苏省将持续推进“互联网+种业”江苏行动计划，实施种业品牌优先发展战略。推进种业信息化建设，建立信息公开发布机制，提升种业大数据平台和监管信息应用水平。安徽省将实施农产品出村工程，推进快递企业在县域集聚，提升快递的行政村通达率。2019年计划新增农村电商经营主体5000个以上。[⑤]

---

① 参见江苏省2019年全省数字农业农村工作要点。

② 韩震震：《深入实施乡村振兴战略 安徽划出2019年工作重点》，人民网，2019年1月14日。

③ 韩震震：《深入实施乡村振兴战略 安徽划出2019年工作重点》，人民网，2019年1月14日。

④ 参见浙江省2019年政府工作报告。

⑤ 韩震震：《深入实施乡村振兴战略 安徽划出2019年工作重点》，人民网，2019年1月14日。

B.5
2018 ~2019年长三角地区工业发展报告

樊福卓*

摘 要： 2018年，长三角地区扎实推进各项工作，确保区域工业高质量发展，工业生产稳步增长，工业投资持续回升，细分行业差异明显，利润总额增速下滑。分行业看，长三角地区计算机、通信和其他电子设备制造业发展差异较大，化学原料和化学制品制造业发展差异显著，电气机械和器材制造业发展存在差异，汽车制造业保持平稳发展。2019年是实施“十三五”规划重要之年，长三角地区工业发展面临的形势更为复杂严峻，要精准施策，力争工业经济保持平稳健康发展。

关键词： 长三角地区 工业 制造业

2018年是“十三五”规划承上启下的关键之年，面对错综复杂的国内外形势，长三角地区扎实推进各项工作，确保区域工业高质量发展，工业生产稳步增长，工业投资持续回升。2019年是“十三五”规划落实的重要之年，长三角地区要尽早谋划、精准施策，力争工业经济保持平稳健康发展。

---

* 樊福卓，上海社会科学院应用经济研究所副研究员，研究方向为区域经济理论与政策。

一　2018年长三角地区工业经济运行概况

（一）工业生产稳步增长

长三角地区经济运行总体平稳。2018年，中国经济运行总体平稳、稳中有进，质量效益稳步提升，人民生活持续改善。全年实现国内生产总值900309亿元，比上年增长6.6%；人均国内生产总值为64644元，比上年增长6.1%；国民总收入为896915亿元，比上年增长6.5%。分三次产业看，第一产业实现增加值64734亿元，比上年增长3.5%；第二产业完成增加值366001亿元，比上年增长5.8%；第三产业完成增加值469575亿元，比上年增长7.6%。第一产业、第二产业和第三产业占国内生产总值的比重分别为7.2%、40.7%和52.2%，第三产业所占份额比上年增加0.6个百分点。2018年，长三角地区实现地区生产总值211479亿元，比上年增长7.0%，较上年减少0.3个百分点，高出全国平均水平0.4个百分点。分省市看，上海实现地区生产总值32680亿元，比上年增长6.6%，比上年增速减少0.3个百分点，低于长三角地区平均水平0.4个百分点；江苏实现地区生产总值92595亿元，比上年增长6.7%，比上年增速减少0.5个百分点，低于长三角地区平均水平0.3个百分点；浙江实现地区生产总值56197亿元，比上年增长7.1%，比上年增速减少0.7个百分点，高于长三角地区平均水平0.1个百分点；安徽实现地区生产总值30007亿元，比上年增长8.0%，比上年增速减少0.5个百分点，高于长三角地区平均水平1个百分点（见表1）。

长三角地区工业生产稳步增长。2018年，实现国内工业增加值305160亿元，比上年增长6.1%；其中，规模以上工业增加值比上年增长6.2%。在规模以上工业中，不同经济类型发展有所差异，股份制企业增长最快，国有控股企业和私营企业次之，外商及港澳台商投资企业增长最慢，增速分

表 1 长三角地区生产总值及工业增加值

单位：亿元，%

地 区	地区生产总值				工业			
	规模	增速			规模	增速		
	2018 年	2016 年	2017 年	2018 年	2018 年	2016 年	2017 年	2018 年
全 国	900309	6.7	6.9	6.6	305160	6.0	6.4	6.1
长三角	211479	7.7	7.5	7.0	70981	6.6	7.7	5.9
上 海	32680	6.8	6.9	6.6	8695	1.0	6.4	1.9
江 苏	92595	7.8	7.2	6.7	30743	7.5	7.3	4.9
浙 江	56197	7.5	7.8	7.1	19879	6.2	8.3	7.3
安 徽	30007	8.7	8.5	8.0	11664	8.7	8.9	9.2

资料来源：相关年份中国及长三角地区各省市统计公报。

别为6.6%、6.2%、6.2%和4.8%。从不同门类的情况看，电力、热力、燃气及水生产和供应业增长最快，为9.9%，高出平均水平3.7个百分点；制造业次之，为6.5%，高出平均水平0.3个百分点；采矿业增长最慢，仅为2.3%，低于平均水平3.9个百分点。长三角地区实现全部工业增加值70981亿元，比上年增长5.9%，增速较上年减少1.8个百分点，比全国平均水平低0.2个百分点。分省市看，上海实现工业增加值8695亿元，比上年增长1.9%，低于长三角平均水平4.0个百分点；江苏实现工业增加值30743亿元，比上年增长4.9%，低于长三角平均水平1.0个百分点；浙江实现工业增加值19879亿元，比上年增长7.3%，高出长三角平均水平1.4个百分点；安徽实现工业增加值11664亿元，比上年增长9.2%，高出长三角平均水平3.3个百分点。

2018年，长三角地区不同城市经济发展差异明显。从长三角地区各城市的地区生产总值看，滁州市、合肥市、芜湖市和宣城市增速领先，分别实现地区生产总值1802亿元、7823亿元、3279亿元和1317亿元，比上年增长9.1%、8.5%、8.4%和8.3%；镇江市、铜陵市、金华市和盐城市增速较慢，分别实现地区生产总值4050亿元、1222亿元、4100亿元和5487亿元，比上年增长3.1%、3.9%、5.5%和5.5%。从长三角地区各城市实现的规模以上工业增加值看，滁州市、合肥市、宣城市和台州市增速领先，分别为11.4%、11.3%、11.0%和9.7%；镇江市、上海市、盐城市和扬州市增速较慢，分别为－3.5%、2.0%、4.0%和5.1%。把规模以上工业增速与地区生产总值增速进行比较，可以发现，有15个城市规模以上工业增速较快，池州市、合肥市、宣城市和滁州市规模以上工业增速分别领先3.3个、2.8个、2.7个和2.3个百分点；有11个地区生产总值增速较快，镇江市、上海市、扬州市和盐城市地区生产总值增速分别领先6.6个、4.6个、1.6个和1.5个百分点（见表2）。

表2　2018年长三角地区部分城市经济发展指标

单位：亿元，%

城　市	地区生产总值		第二产业		第三产业		规模以上工业增加值
	规模	增速	规模	增速	规模	增速	增速
上海市	32680	6.6	9733	1.8	22843	8.7	2.0
南京市	12820	8.0	4722	6.5	7825	9.1	7.8
无锡市	11439	7.4	5464	8.0	5850	7.1	9.0
常州市	7050	7.0	3263	6.2	3631	8.1	6.6
苏州市	18598	6.8	8933	5.6	9450	8.1	5.4
南通市	8427	7.2	3975	6.5	4081	8.4	7.7
盐城市	5487	5.5	2437	3.7	2477	8.1	4.0
扬州市	5466	6.7	2623	5.8	2570	8.2	5.1
镇江市	4050	3.1	1977	3.0	1935	3.7	-3.5
泰州市	5108	6.7	2434	6.8	2394	7.0	5.5
杭州市	13509	6.7	4572	5.8	8632	7.5	6.3
宁波市	10746	7.0	5508	6.2	4932	8.1	6.3
嘉兴市	4872	7.6	2625	8.4	2133	7.1	8.9
湖州市	2719	8.1	1274	8.2	1318	8.5	9.3
绍兴市	5417	7.1	2612	6.9	2609	7.7	7.4
金华市	4100	5.5	1746	5.9	2219	5.4	6.0
舟山市	1317	6.7	428	6.0	746	7.2	6.4
台州市	4875	7.6	2183	8.7	2428	7.3	9.7
合肥市	7823	8.5	—	—	—	—	11.3
芜湖市	3279	8.4	1711	8.6	1435	8.5	8.8

续表

城市	地区生产总值		第二产业		第三产业		规模以上工业增加值
	规模	增速	规模	增速	规模	增速	增速
马鞍山市	1918	8.2	1028	8.6	803	8.2	9.1
铜陵市	1222	3.9	712	4.9	460	1.9	5.2
安庆市	1918	7.8	—	—	—	—	8.3
滁州市	1802	9.1	930	10.9	651	9.1	11.4
池州市	685	5.7	290	7.1	320	4.9	9.0
宣城市	1317	8.3	642	10.2	540	7.4	11.0

资料来源：宁波市统计局（http://tjj.ningbo.gov.cn/index.html）。

（二）细分行业差异明显

在长三角地区，不同工业细分行业发展差异较大。2018 年，在上海规模以上工业中，从 35 个工业细分行业看，有 20 个行业总产值同比增长，比上年增加了 1 个行业，其中专用设备制造业，医药制造业，金属制品、机械和设备修理业，燃气生产和供应业增长较快，分别比上年增长 11.6%、10.0%、9.9%和 9.9%；有 15 个行业总产值同比下降，其中，化学纤维制造业，木材加工和木、竹、藤、棕、草制品业，酒、饮料和精制茶制造业，农副食品加工业下降较快，分别比上年下滑了 39.9%、12.8%、9.3%和 8.9%。增长最快的专用设备制造业与下降最快的化学纤维制造业增速相差高达 51.5 个百分点（见表 3）。

表 3　2018 年上海规模以上工业行业主要发展指标

单位：亿元，%

行业	总产值		主营业务收入		利润总额	
	规模	增速	规模	增速	规模	增速
总计	34842	1.4	38886	2.6	3350	4.3
石油和天然气开采业	7	-2.1	7	9.5	1	5.6 倍
农副食品加工业	296	-8.9	382	-8.6	16	16.2

续表

行　业	总产值		主营业务收入		利润总额	
	规模	增速	规模	增速	规模	增速
食品制造业	643	5.1	733	4.8	68	4.3
酒、饮料和精制茶制造业	99	-9.3	145	3.6	5	-42.2
烟草制品业	926	5.3	932	4.1	232	-4.1
纺织业	181	-8.8	205	0.4	10	-7.5
纺织服装、服饰业	314	-3.3	363	1.1	7	—
皮革、毛皮、羽毛及其制品和制鞋业	171	-7.9	177	-4.6	11	-18.1
木材加工和木、竹、藤、棕、草制品业	49	-12.8	54	-9.7	2	1.2
家具制造业	327	-0.1	337	1.8	40	4.7倍
造纸和纸制品业	235	-5.2	294	0.3	13	-4.0
印刷和记录媒介复制业	191	5.0	201	4.3	16	23.1
文教、工美、体育和娱乐用品制造业	400	3.2	576	7.3	35	7.9
石油加工、炼焦和核燃料加工业	1369	-3.4	1379	13.0	109	-8.9
化学原料和化学制品制造业	3017	1.1	3361	5.1	421	3.3
医药制造业	844	10.0	847	14.6	110	-6.1
化学纤维制造业	24	-39.9	25	-32.5	0	-79.9
橡胶和塑料制品业	888	-3.1	955	-2.9	63	-12.3
非金属矿物制品业	600	-5.6	680	9.4	52	24.1
黑色金属冶炼和压延加工业	1233	-6.5	1732	-2.2	164	1.2倍
有色金属冶炼和压延加工业	363	-7.9	392	-3.1	15	28.3
金属制品业	974	0.4	1082	4.7	55	-2.4
通用设备制造业	2888	2.9	3152	7.1	210	9.6
专用设备制造业	1254	11.6	1343	13.7	121	22.0
汽车制造业	6832	0.8	8334	1.1	1078	-1.4
铁路、船舶、航空航天和其他运输设备制造业	708	0.6	684	-0.1	13	—
电气机械和器材制造业	2240	5.9	2395	5.6	183	10.6
计算机、通信和其他电子设备制造业	5468	1.3	5675	-4.3	152	-17.7
仪器仪表制造业	414	5.1	433	3.1	52	1.8
其他制造业	47	0.6	53	0.6	5	11.3
废弃资源综合利用业	38	3.6	39	5.7	7	43.8
金属制品、机械和设备修理业	194	9.9	185	5.1	7	46.3
电力、热力生产和供应业	1199	3.8	1235	3.0	50	-12.8
燃气生产和供应业	334	9.9	402	15.3	15	-23.7
水的生产和供应业	73	1.2	100	-1.5	11	-4.1

资料来源：上海统计网。

在江苏规模以上工业中，不同经济类型工业发展有所不同，国有工业、外商及港澳台商投资工业、股份制工业、集体工业和民营工业增速分别为5.6%、5.3%、5.0%、4.8%和4.1%。在江苏，先进制造业增长势头较为强劲，高技术产业和装备制造业增速分别为11.1%和8.0%，分别高于平均水平6.0个和2.9个百分点，对全省规模以上工业发展贡献显著，贡献率分别为43.4%和74.2%。从细分行业看，电子、医药、汽车、专用设备业增长较快，增速分别为11.3%、10.4%、7.2%、12.5%。

浙江2018年实现规模以上工业增加值14714亿元，增速为7.3%；完成规模以上工业销售产值67384亿元，增速为10.6%；完成出口交货值11698亿元，增速为8.6%。概况而言，数字经济核心产业、时尚制造业、高端装备业和健康产品行业发展势头不错，增速分别为11.8%、9.7%、9.2%和8.0%，高于规模以上工业平均水平。高技术、高新技术、装备制造和战略性新兴产业增长态势良好，增速分别为13.7%、9.4%、10.0%和11.5%，占规模以上工业的份额分别为12.8%、51.3%、40.7%和29.6%。

安徽规模以上工业增加值2018年增速为9.3%，居全国第4位。从不同经济类型看，外商及港澳台商投资企业、股份制企业、国有及国有控股企业增速分别为12.3%、8.6%、7.2%。从不同门类看，采矿业，制造业，电力、热力、燃气及水生产和供应业增速分别为0.8%、9.6%和13.9%。从细分行业看，在40个工业大类行业中，有32个行业增速为正，其中，计算机、通信和其他电子设备制造业，医药制造业，黑色金属冶炼和压延加工业，电力、热力生产和供应业增速较快，分别为28.8%、17.0%、15.7%、14.0%。工业结构不断优化，高技术产业、装备制造业增速分别为22.6%、12.0%，分别高出规模以上工业13.3个、2.7个百分点；战略性新兴产业产值增速为16.1%，占规模以上工业的份额为29.5%。

（三）工业投资持续回升

长三角地区固定资产投资增速继续降低。2018年，国内完成全社会固定资产投资645675亿元，较上年增长5.9%；其中，完成固定资产投资

（不含农户）635636亿元，比上年增长5.9%。从不同区域的比较看，中部地区增速领先：中部地区、东部地区、西部地区和东北地区固定资产投资增速依次减少，分别为10.0%、5.7%、4.7%和1.0%。[①] 2018年，长三角地区固定资产投资增速为7.4%，比上年减少1.2个百分点。分省市看，安徽固定资产投资增速领先，为11.8%，高出长三角平均水平4.4个百分点；浙江、江苏和上海固定资产投资增速分别为7.1%、5.5%和5.2%。

长三角地区工业投资增速持续回升。2018年，全国工业投资较上年增长7.2%，比上年增加3.6个百分点；其中，制造业投资增速最快，为9.5%，采矿业投资增速次之，为4.1%，电力、热力、燃气及水生产和供应业投资较上年下降了6.7%。2018年，长三角地区工业投资增速为12.0%，比上年增加3.9个百分点。分省市看，安徽工业投资增速最快，为24.8%，比上年增加12.1个百分点；上海工业投资增速为17.7%，比上年增加12.4个百分点；江苏工业投资增速8.0%，比上年增加1.3个百分点；浙江工业投资增速为5.0%，比上年减少1.1个百分点（见表4）。

表4　2015～2018年长三角地区固定资产投资及工业投资增速

单位：%

地　区	固定资产投资				工业投资			
	2015年	2016年	2017年	2018年	2015年	2016年	2017年	2018年
中　国	10.0	8.1	7.2	5.9	7.8	3.6	3.6	7.2
长三角	11.4	9.3	8.6	7.4	11.6	7.4	8.1	12.0
上　海	5.6	6.3	7.3	5.2	-17.2	2.3	5.3	17.7
江　苏	10.5	7.5	7.5	5.5	12.4	7.9	6.7	8.0
浙　江	13.2	10.9	8.6	7.1	11.0	4.0	6.1	5.0
安　徽	12.7	11.7	11.0	11.8	14.1	9.6	12.7	24.8

资料来源：相关年份中国及长三角地区各省市统计公报。

① 国家统计局：《中华人民共和国2018年国民经济和社会发展统计公报》，http://www.stats.gov.cn/tjsj/zxfb/201902/t20190228_1651265.html，2019年2月28日。

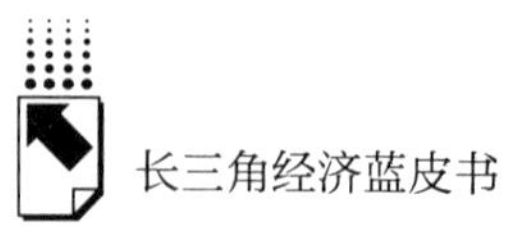

（四）利润总额增速下滑

2018 年，中国规模以上工业实现利润总额 66351 亿元，较上年增长 10.3%，增速比上年大幅减少 10.7 个百分点。从不同经济类型工业企业看，股份制企业实现利润总额 46975 亿元，比上年增长 14.4%；国有控股企业实现利润总额 18583 亿元，比上年增长 12.6%；私营企业实现利润总额 17137 亿元，比上年增长 11.9%；外商及港澳台商投资企业实现利润总额 16776 亿元，比上年增长 1.9%。从不同门类工业看，采矿业，制造业，电力、热力、燃气及水生产和供应业分别实现利润总额 5246 亿元、56964 亿元、4141 亿元，分别比上年增长 40.1%、8.7%、4.3%。

2018 年，长三角地区规模以上工业企业实现利润总额 18730 亿元，同比增长 9.4%，较上年减少 4.4 个百分点，比全国平均水平低了 0.9 个百分点。分省市看，安徽增速领先：上海规模以上工业实现利润总额 3338 亿元，比上年增长 3.7%，低于长三角地区平均水平 5.7 个百分点；江苏规模以上工业实现利润总额 8492 亿元，比上年增长 9.4%，与长三角地区平均水平持平；浙江规模以上工业实现利润总额 4452 亿元，比上年增长 5.3%，低于长三角地区平均水平 4.1 个百分点；安徽规模以上工业实现利润总额 2448 亿元，比上年增长 27.8%，高出长三角地区平均水平 18.4 个百分点（见表 5）。

表 5　长三角地区规模以上工业企业实现利润总额及其增长速度

单位：亿元，%

地　区	规模	增速		
	2018 年	2016 年	2017 年	2018 年
中　国	66351	8.5	21.0	10.3
长三角	18730	11.4	13.8	9.4
上　海	3338	9.0	10.6	3.7
江　苏	8492	10.0	12.4	9.4
浙　江	4452	16.1	16.6	5.3
安　徽	2448	12.3	19.7	27.8

资料来源：中华人民共和国国家统计局（http://www.stats.gov.cn/）。

（五）政府重视工业发展[①]

上海强力推动实体经济发展，要率先走出制造业高端发展、创新发展、转型发展之路；促进创新链与产业链深度融合，引导企业加大创新和技改投入，大力发展共享经济、智能制造等新模式、新业态、新产业；加快培育新能源与智能网联汽车、新一代信息技术、智能制造装备、生物医药与高端医疗器械等世界级先进制造业集群。江苏加快推动制造业优化升级，突出抓好智能制造，积极申报“中国制造2025”扬子江城市群试点；大力发展工业互联网，实施“互联网+制造业”专项行动；制订实施重点产业集群培育促进计划，加快培育新一代信息技术、新材料、高端装备等一批万亿级产业集群；发展壮大龙头企业，大力培育高新技术企业，加快形成大中小微企业分工协作的产业生态体系，促进全产业链整体跃升；积极推进工业企业资源集约利用综合评价，促进要素向高效益、高产出、高技术、高成长性企业集聚；开展质量提升行动，加强全面质量监管，打响“江苏制造”品牌。浙江加强科技创新，在人工智能、柔性电子、量子通信、集成电路、生物医药、新材料、清洁能源等领域实施一批重大科技攻关项目，切实加强知识产权保护，推动科技成果资本化产业化；加大传统产业改造力度，新增500个“浙江制造”标准，启动100个产业创新服务综合体建设，加快推进“互联网+”“标准化+”“机器人+”技术改造。安徽大力发展先进制造业，实施新能源汽车、智能语音、集成电路、工业机器人、现代医疗医药等专项支持政策，加快建设先进制造业产业集群；实施“皖企登云”计划，开展智能制造试点示范，加强生产线、车间数字化改造和智能工厂培育。

① 本部分主要参考了长三角地区各省市2018年政府工作报告。

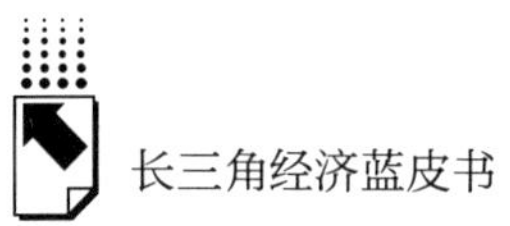

二　2018年长三角地区重要行业发展态势

（一）计算机、通信和其他电子设备制造业

作为朝阳产业，计算机、通信和其他电子设备制造业组织密集、资金密集、技术密集，更新换代频率极快。在长三角地区工业发展中，计算机、通信和其他电子设备制造业占据非常重要的地位。2017 年，长三角地区计算机、通信和其他电子设备制造业完成主营业务收入 30738 亿元，占规模以上工业的份额为 10.4%；实现利润总额 1614.9 亿元，占规模以上工业的份额为 8.0%，比上年增加 0.5 个百分点。分省市看，上海计算机、通信和其他电子设备制造业完成主营业务收入 5946 亿元，占规模以上工业的份额为 15.7%；实现利润总额 189.7 亿元，占规模以上工业的份额为 5.8%，比上年增加 1.3 个百分点。江苏计算机、通信和其他电子设备制造业完成主营业务收入 18531 亿元，占规模以上工业的份额为 12.4%；实现利润总额 922.9 亿元，占规模以上工业的份额为 9.2%，比上年略增 0.1 个百分点。浙江计算机、通信和其他电子设备制造业完成主营业务收入 3687 亿元，占规模以上工业的份额为 5.6%；实现利润总额 335.8 亿元，占规模以上工业的份额为 7.3%，比上年增加 0.6 个百分点。安徽计算机、通信和其他电子设备制造业完成主营业务收入 2574 亿元，占规模以上工业的份额为 6.0%；实现利润总额 166.6 亿元，占规模以上工业的份额为 7.1%，比上年减少 0.4 个百分点（见表 6）。比较来看，上海计算机、通信和其他电子设备制造业经济效益与其在工业中的地位相差较多。

2018 年，中国计算机、通信和其他电子设备制造行业主营业务收入 105966 亿元，比上年增长 9.0%；增加值增长 13.1%，高于规模以上工业 6.9 个百分点；实现利润总额 4781 亿元，比上年下降 3.1%；亏损总额 767.7 亿元，比上年增长 58.9%。从产品看，完成集成电路 1740 亿块，比上年增长9.7%；完成程控交换机产量 1007 万线，比上年增长 6.6%；完成移动通信手持机 179846 万台，比上年减少 4.1%；完成微型计算机设备 30700 万台，比上年下降 1.0%。

表 6　2015~2017 年长三角地区计算机、通信和其他电子设备制造业指标

单位：亿元

地　区	主营业务收入			利润总额		
	2015 年	2016 年	2017 年	2015 年	2016 年	2017 年
长三角	29155	29960	30738	1399.3	1522.8	1614.9
上　海	5323	5082	5946	121.3	132.5	189.7
江　苏	18897	19200	18531	882.2	964.6	922.9
浙　江	2896	3292	3687	279.2	301.2	335.8
安　徽	2038	2386	2574	116.6	124.6	166.6

注：2015 年和 2016 年为总产值数据，2017 年为主营业务收入数据。

资料来源：2016~2018 年长三角地区各省市统计年鉴。

2018 年，长三角计算机、通信和其他电子设备制造业差异较大。上海计算机、通信和其他电子设备制造业完成总产值 5468 亿元，比上年增长 1.3%；完成主营业务收入 5675 亿元，比上年减少 4.3%；实现利润总额 152 亿元，比上年减少 17.7%；完成智能手机产量 4711 万台，比上年增长 4.5%；完成 3D 打印设备产量 578 台，比上年增长 12.5%。江苏计算机、通信和其他电子设备制造业总产值增长 8.3%，比规模以上工业略低 0.1 个百分点；3D 打印设备比上年增长 51.4%；智能电视产量比上年增长 36.4%。浙江计算机、通信和其他电子设备制造业增加值比上年增长 18.8%；完成集成电路 65.4 亿块、微型计算机设备 204 万台、电子元件 953 亿只；完成智能手机 4956 万台，比上年增长 21.3%；完成智能电视 583 万台，比上年增长 17.2%。安徽计算机、通信和其他电子设备制造业发展较快，增加值比上年增长 28.8%，高于规模以上工业 19.5 个百分点；完成彩色电视机 2289 万部，比上年增长 47.7%。

（二）化学原料和化学制品制造业

化学原料和化学制品制造业是中国重要的基础产业，与长三角地区经济发展密切相关。2017 年，长三角地区化学原料和化学制品制造业完成主营业务收入 27106 亿元，占规模以上工业的份额为 9.2%；实现利润总额 2221.0 亿元，占规模以上工业的份额为 11.0%，比上年增加 0.9 个百分点。分省市看，江苏化学原料和化学制品制造业在工业中地位相对突出。上海化学原料和化学制品制造业完成主营业务收入 3189 亿元，占规模以上工业的份额为 8.4%，实现利润 407.9 亿元，占规模以上工业的份额为 12.6%，比上年增加 4.9 个百分点。江苏化学原料和化学制品制造业完成主营业务收入 15641 亿元，占规模以上工业的份额为 10.5%，实现利润 1183.2 亿元，占规模以上工业的份额为 11.8%，比上年减少 0.5 个百分点。浙江化学原料和化学制品制造业完成主营业务收入 5928 亿元，占规模以上工业的份额为 9.0%，实现利润 478.3 亿元，占规模以上工业的份额为 10.4%，比上年增加 2.4 个百分点。安徽化学原料和化学制品制造业完成主营业务收入 2349 亿元，占规模以上工业的份额为 5.4%，实现利润 151.6 亿元，占规模以上工业的份额为 6.4%，比上年减少 0.2 个百分点（见表 7）。

表 7　2015～2017 年长三角地区化学原料和化学制品制造业指标

单位：亿元

地　区	主营业务收入			利润总额		
	2015 年	2016 年	2017 年	2015 年	2016 年	2017 年
长三角	26961	28187	27106	1691.4	2032.6	2221.0
上　海	2467	2464	3189	178.1	223.9	407.9
江　苏	16810	17850	15641	1101.3	1303.2	1183.2
浙　江	5398	5382	5928	282.9	358.2	478.3
安　徽	2285	2491	2349	129.2	147.4	151.6

注：2015 年和 2016 年为总产值数据，2017 年为主营业务收入数据。

资料来源：2016～2018 年长三角成员地区统计年鉴。

2018 年，中国化学原料和化学制品制造业发展态势良好，完成主营业务收入 70148 亿元，比上年增长 9.1%；实现利润总额 5146.2 亿元，比上年增长 15.9%，高于规模以上工业 5.6 个百分点。从化学原料和化学制品制造业产品看，完成硫酸（折100%）9130万吨，比上年下降0.9%；完成烧碱（折100%）3420万吨，比上年增长2.7%；完成乙烯1841万吨，比上年增长1.1%；完成化肥（折100%）5424万吨，比上年减少7.9%。

2018年，长三角地区化学原料和化学制品制造业发展差异显著。上海化学原料和化学制品制造业完成总产值3017亿元，比上年增长1.1%，低于规模以上工业0.3个百分点；完成主营业务收入3361亿元，比上年增长5.1%，高于规模以上工业2.5个百分点；实现利润总额421亿元，比上年增长3.3%，低于规模以上工业1.0个百分点。江苏完成硫酸246.8万吨，比上年减少14.9%；完成烧碱320.6万吨，比上年减少12.4%；完成纯碱437.8万吨，比上年增长0.5%；完成化肥165.9万吨，比上年增长1.7%；完成化学农药80.2万吨，比上年减少10.3%；完成合成氨306.9万吨，比上年减少6.2%。安徽化学原料和化学制品制造业增加值增长10.4%，高于规模以上工业1.1个百分点；完成硫酸589万吨，比上年增长15.4%；完成纯碱37.3万吨，比上年大幅下降56.5%；完成化学农药11.0万吨，比上年增长2.2%；完成合成洗涤剂90.8万吨，比上年增长6.6%。

（三）电气机械和器材制造业

2017年，长三角地区电气机械和器材制造业完成主营业务收入30077亿元，占规模以上工业的份额为10.2%；实现利润总额1933.5亿元，占规模以上工业的份额为9.5%，比上年减少1.1个百分点。分省市看，上海电气机械和器材制造业完成主营业务收入2269亿元，占规模以上工业的份额为6.0%；实现利润总额165.6亿元，占规模以上工业的份额为5.1%，比上年减少0.7个百分点。江苏电气机械和器材制造业完成主营业务收入16302亿元，占规模以上工业的份额为10.9%；实现利润总额1032.3亿元，占规模以上工业的份额为10.3%，比上年减少1.3个百分点。浙江电气机械和器材制造业完成主营业务收入6419亿元，占规模以上工业的份额为9.8%；实现利润总额415.4亿元，占规模以上工业的份额为9.0%，比上年减少0.4个百分点。安徽电气机械和器材制造业完成主营业务收入5087

亿元，占规模以上工业的份额为11.8%；实现利润总额320.3亿元，占规模以上工业的份额为13.6%，比上年减少0.7个百分点（见表8）。

表8　2015～2017年长三角地区电气机械和器材制造业指标

单位：亿元

地区	主营业务收入			利润总额		
	2015年	2016年	2017年	2015年	2016年	2017年
长三角	29513	31491	30077	1900.9	2135.4	1933.5
上　海	2151	2032	2269	151.8	169.1	165.6
江　苏	16266	17420	16302	1095.8	1223.7	1032.3
浙　江	6303	6726	6419	361.0	421.6	415.4
安　徽	4793	5313	5087	292.3	321.1	320.3

注：2015年和2016年为总产值数据，2017年为主营业务收入数据。

资料来源：2016～2018年长三角地区各省市统计年鉴。

2018年，中国电气机械和器材制造业发展态势良好，增加值比上年增长7.3%；完成主营业务收入62676亿元，比上年增长6.4%，高于规模以上工业1.1个百分点；实现利润总额3758亿元，比上年增长1.0%。从电气机械和器材制造业产品看，完成液晶电视机18825万台，比上年增长19.5%；完成家用电冰箱7993万台，比上年下降3.9%；完成房间空气调节器20486万台，比上年增长14.7%。

2018年，长三角地区电气机械和器材制造业发展存在差异。上海电气机械和器材制造业完成工业总产值2240亿元，比上年增长5.9%，高于规模以上工业4.5个百分点；完成主营业务收入2395亿元，比上年增长5.6%，高于规模以上工业3.0个百分点；实现利润总额183亿元，比上年增长10.6%，高于规模以上工业6.3个百分点。江苏电气机械和器材制造业产值比上年增长8.2%，略低于工业平均水平0.2个百分点；完成投资比上年增长14.4%，高于工业平均水平6.4个百分点；完成液晶电视机1655万台，比上年增长12.0%；完成组合音响468万台，比上年增长6.7%；完成数码照相机551万台，比上年下降21.2%。浙江完成彩色电视机722万台，比上年增长22.5%（其中，完成智能电视583万台，比上年增长17.2%）。安徽电气机械和器材制造业增加值比上年增长12.1%，高于规模以上工业平均水平2.8个百分点；完成彩色电视机2289万台，比上年增长47.7%；完成家用洗衣机2126万台，比上年增长2.7%；完成家用电冰箱2631万台，比上年增长7.2%；完成房间空气调节器3210万台，比上年增长3.2%。

（四）汽车制造业

长三角地区汽车制造业在全国的地位十分重要。2017年，长三角地区汽车制造业完成主营业务收入23577亿元，占规模以上工业的比重为8.0%；实现利润2360.4亿元，占规模以上工业的比重为11.7%，比上年增加0.6个百分点。分省市看，上海汽车制造业完成主营业务收入8247亿元，占规模以上工业的比重为21.8%；实现利润1106.0亿元，占规模以上工业的比重为34.1%，比上年减少3.0个百分点。江苏汽车制造业完成主营业务收入7505亿元，占规模以上工业的比重为5.0%；实现利润611.8亿元，占规模以上工业的比重为6.1%，比上年增加0.5个百分点。浙江汽车制造业完成主营业务收入4952亿元，占规模以上工业的比重为7.5%；实现利润530.9亿元，占规模以上工业的比重为11.5%，比上年增加2.1个百分点。安徽汽车制造业完成主营业务收入2874亿元，占规模以上工业的比重为6.7%；实现利润111.6亿元，占规模以上工业的比重为4.7%，比上年减少0.9个百分点（见表9）。

表9　2015~2017年长三角地区汽车制造业发展指标

单位：亿元

地　区	总产值			利润总额		
	2015年	2016年	2017年	2015年	2016年	2017年
长三角	18338	21459	23577	2060.9	2219.5	2360.4
上　海	5224	5850	8247	1078.1	1082.0	1106.0
江　苏	6949	7911	7505	595.4	589.9	611.8
浙　江	3682	4588	4952	282.5	421.7	530.9
安　徽	2484	3110	2874	104.8	125.9	111.6

注：2015年和2016年为总产值数据，2017年为主营业务收入数据。

资料来源：2016~2018年长三角地区各省市统计年鉴。

2018 年，中国汽车制造业实现增加值比上年增长 4.9%，低于规模以上工业 1.3 个百分点；完成主营业务收入 80485 亿元，比上年增长 2.9%；实现利润总额 6091 亿元，比上年下降 4.7%，大幅度低于工业规模以上工业 15.0 个百分点；完成汽车 2782 万辆，比上年下降 4.1%，其中，完成基本型乘用车（轿车）1160 万辆，比上年下降 2.9%，完成运动型多用途乘用车（SUV）927 万辆，比上年下降 7.7%。

2018 年，长三角地区汽车制造业保持平稳发展。上海汽车制造业完成产值 6832 亿元，比上年增长 0.8%，低于规模以上工业 0.6 个百分点；完成主营业务收入 8334 亿元，比上年增长 1.1%，低于规模以上工业 1.5 个百分点；实现利润 1078 亿元，比上年下降 1.4%，低于规模以上工业 5.7 个百分点；完成汽车 297.8 万辆，比上年增长 2.2%。江苏汽车制造业增加值比上年增长 7.2%，高于规模以上工业 2.1 个百分点；完成汽车产量 125.4 万辆，比上年增长 0.3%；其中，完成轿车产量 58.7 万辆，比上年下降 4.1%。浙江完成汽车产量 119.1 万辆，比上年大幅增长 42.8%；其中，完成新能源汽车 4.0 万辆，比上年增长 22.3%。安徽汽车制造业增加值增长 6.0%，低于规模以上工业 3.3 个百分点；完成汽车产量 92.0 万辆，比上年下降 14.4%。

三　2019年长三角地区工业发展展望

2019 年，国内外经济形势错综复杂，全球经济增速与上年基本持平甚至放缓，中国经济仍然存在下行压力。长三角地区工业发展受贸易摩擦等因素的影响，持续增长动能颇为不足，预计工业经济下行压力较大。因此，长三角地区要尽早谋划、精准施策，力争工业经济保持平稳健康发展。

长三角地区要全力实施长江三角洲区域一体化发展战略，合力推进长三角一体化发展示范区建设，推动区域产业协同发展。在工业发展方面，上海要落实集成电路、人工智能、生物医药等产业政策，深入实施智能网联汽车等一批产业创新工程，推动中芯国际、和辉二期等重大产业项目加快量产，巩固提升实体经济能级；江苏要围绕建设制造强省目标，把推进制造业高质量发展摆在突出位置，推动产业加快迈向全球价值链中高端；浙江要持续推进标准强省、质量强省、品牌强省建设，打响“浙江制造”品；安徽要推进企业优胜劣汰和传统制造业改造升级、推动战略性新兴产业集群发展、加快发展人工智能产业和数字经济，大力推动制造业高质量发展。

B.6
2018～2019年长三角地区服务业发展报告

周　静*

摘　要：　2018年，长三角一体化发展上升为国家战略，在三省一市的不断努力下，服务业实现了较好较快发展，表现为：服务业占比不断提高，固定资产投资增速回暖，对就业拉动能力进一步增强。分行业来看，批发和零售业，房地产业，金融业，运输、仓储和邮政业，旅游业均表现良好，各省市也展现出不同特色。展望2019年，从国内外发展环境来看，不确定因素还很多，整体表现为机遇与挑战并存，服务业未来发展可期。制造业的复苏可能会对服务业占比带来一定冲击，但产业整体由“二”向“三”转移的大趋势不会变。区域间合作加强，现代服务业快速增长，服务业跨区域产业链分工将进一步强化。

关键词：　服务业　长三角一体化　长三角地区

2018年，长三角一体化发展上升为国家战略，三省一市着力落实新发展理念，构建现代化经济体系，不断优化产业结构，推进产业转型升级，服

* 周静，副研究员，主要研究方向为产业经济、区域经济，现为中共上海市委党校（上海行政学院）上海发展研究院研究人员，上海市习近平新时代中国特色社会主义思想研究中心研究员。

务业实现了较好较快发展。2019 年，长三角地区服务业将继续发挥在经济增长、结构变化、制度变革中的作用，并在地区合作不断深化的背景下，展现出新的生机与活力。

一　2018年长三角服务业总体发展状况及特点

（一）服务业占比不断提高

2018 年，在全国服务业增速放缓的背景下，长三角服务业增加值实现 114299. 10 亿元，增速为 10. 37%，低于全国 0. 01 个百分点。从长三角地区内部来看，服务业增加值依旧是江苏省最高，达到 47205. 16 亿元。从发展增速来看，上海市增速最低，仅为 7. 79%；安徽省服务业增速最快，达到 16. 64%；浙江省紧随其后；江苏省位列第三（见表 1）。

表 1　2018 年长三角地区服务业增加值及增速

单位：亿元，%

地区	2018 年增加值	2017 年增加值	2018 年增速
上海市	22842. 96	21191. 54	7. 79
江苏省	47205. 16	43169. 73	9. 35
浙江省	30724. 26	27602. 26	11. 31
安徽省	13526. 72	11597. 45	16. 64
长三角	114299. 10	103560. 98	10. 37
全国	473652. 52	429129. 47	10. 38

资料来源：笔者根据国家及地方统计局数据整理。

从服务业增加值占 GDP 比重来看，2018 年长三角地区服务业增加值占比为 55. 16%，较 2017 年略有上升，相对于全国领先 3. 38 个百分点。从长三角内部来看，2018 年上海市服务业增加值占比明显上升，从 2017 年的 60. 18%提高到 69. 90%，增长近 10 个百分点，可见上海以服务经济为主导的产业结构进一步夯实。2018 年江苏省和浙江省服务业增加值占比略有提升，安徽省服务业增加值占比为 45.08%，服务业增加值占比与全国差距由上年的 8.7 个百分点缩小到 6.7 个百分点（见表 2）。

表 2　长三角地区服务业增加值占比变化情况

单位：%

地区	2016 年	2017 年	2018 年
上海市	69.78	60.18	69.90
江苏省	50.00	50.27	50.98
浙江省	50.99	53.32	54.67
安徽省	41.05	42.90	45.08
长三角	52.17	53.37	55.16
全　国	49.05	51.60	51.78

资料来源：笔者根据国家及地方统计局数据整理。

（二）固定资产投资增速回暖

2017 年长三角地区全社会固定资产投资进一步增加的同时，服务业投资出现下滑，实现 63191.2 亿元，增速为 -3.18%，服务业投资占比仅为 52.4%，而全国服务业投资占比为 58.97%，差距明显。从长三角地区内部来看，2017 年上海市服务业投资占比依旧最高，为 85.71%，较 2016 年略有上升；浙江省服务业投资增速有较大幅度的下降，为 -10.18%；江苏省服务业投资增速为长三角地区最高，达到 26.97%，占比为 49.32%；安徽省服务业投资增速为 7.11%，占比为 52.41%（见表 3）。

2018 年长三角地区服务业投资有明显增长。2018 年上海服务业投资增速最低，仅为 3.2%，低于上海市全社会固定资产投资增速；浙江服务业投资增速最高，增速达到 10.1%；江苏服务业投资增速为 3.7%；安徽服务业投资增速为 5.6%（见表 4）。

表 3　2017 年长三角地区服务业投资情况

单位：亿元，%

项目	全国	上海	浙江	江苏	安徽	长三角
全社会固定资产投资	636018.06	7246.60	31696.03	53277.03	29275.06	120558.80
全社会固定资产投资增速	5.81	7.26	4.69	7.28	8.29	6.00
服务业投资	375040.00	6211.41	21983.05	26277.35	15341.91	63191.20
服务业投资增速	8.93	7.67	－10.18	26.97	7.11	－3.18
服务业投资占比	58.97	85.71	69.36	49.32	52.41	52.40

资料来源：笔者根据国家及地方统计局数据整理。

表 4　2018 年长三角地区服务业投资情况

单位：%

项目	上海	浙江	江苏	安徽
全社会固定资产投资增速	5.2	7.1	5.5	11.8
服务业投资增速	3.2	10.1	3.7	5.6

资料来源：笔者根据国家及地方统计局数据整理。

对比 2012～2018 年长三角地区服务业投资增速变化情况可知，全国服务业投资增速在 2014 年出现猛降，之后一路下行，但长三角地区服务业投资增速的变化有所不同，2012～2017 年不断下降，2017 年增速仅为－3.2%，2018 年出现回暖迹象，服务业投资增速为 5.7%。从长三角内部来看，浙江省 2017 年服务业投资增速下降较多，较 2016 年下降了 16.8 个百分点，安徽省下降了近 5 个百分点，而江苏服务业投资增速则是正增长，且增速高于全国平均水平。2018 年在全国服务业投资增速下降的背景下，浙江省服务业投资增速较上年上升了 20 个百分点，而上海、江苏和安徽三省市服务业投资增速较上年均出现下滑，尤其是江苏省下降幅度较大（见表 5）。

表 5　2012～2018 年长三角地区服务业投资增速变化

单位：%

年度	全国	上海	浙江	江苏	安徽	长三角
2012	20.6	5.1	24.1	21.5	32.5	20.8
2013	21.0	11.1	19.2	22.3	23.0	18.9
2014	16.8	10.5	18.8	20.8	17.7	17.0
2015	10.6	11.2	14.1	8.3	10.7	11.1
2016	10.7	7.0	6.6	14.4	12.0	10.2
2017	8.9	7.7	-10.2	27.0	7.1	-3.2
2018	5.5	3.2	10.1	3.7	5.6	5.7

资料来源：笔者根据国家及地方统计局数据整理。

（三）服务业对就业拉动能力进一步增强

2017 年，长三角地区平均服务业城镇单位就业人数为 409.01 万人，服务业就业人数占比达到 48.63%，再创历史新高，超过全国平均水平。从长三角内部来看，上海市服务业就业人数占比最高，达 66.74%；安徽省为 52.10%，排第 2 位；浙江省为 41.52%；而江苏省服务业就业人数占比不足四成，拉低了长三角地区的平均水平（见表 6）。

表 6　2017 年长三角地区服务业就业情况

单位：万人，%

地　区	城镇单位就业人数	服务业城镇单位就业人数	服务业就业人数占比
上海市	632.31	422.00	66.74
江苏省	1484.60	507.29	34.17
浙江省	1054.50	437.83	41.52
安徽省	516.21	268.92	52.10
长三角	921.91	409.01	48.63
全　国	569.16	255.55	44.90

资料来源：笔者根据国家及地方统计局数据整理。

从城镇单位就业人员平均工资来看，2017年长三角地区城镇单位就业人员平均工资为88490.5元，而服务业城镇单位就业人员平均工资达到100281.47元，明显领先于其他行业。与全国平均水平相比，长三角地区服务业城镇单位就业人员平均工资高于全国服务业城镇单位就业人员工资，优势明显。从长三角地区内部来看，上海市服务业城镇单位就业人员平均工资明显高于其他地区，达到150956.50元；浙江省排第2位，为96960.13元；江苏省为89689.88元；而安徽省最低，仅为63519.38元，但较2016年涨幅明显（见表7）。

表7　2017年长三角地区服务业就业人员平均工资

单位：元

地　区	城镇单位就业人员平均工资	服务业城镇单位就业人员平均工资
上海市	129795	150956.50
江苏省	78267	89689.88
浙江省	80750	96960.13
安徽省	65150	63519.38
长三角	88490.5	100281.47
全　国	73352.03	76656.74

资料来源：笔者根据国家及地方统计局数据整理。

二　2018年长三角服务业行业发展状况及特点

（一）批发和零售业

2018年，长三角地区批发和零售业发展势头良好。长三角地区社会消费品零售总额为20715.78亿元，明显高于全国平均水平，社会消费品零售总额增速为5.70%，高于全国平均水平约2个百分点。2017年长三角地区批发和零售业增加值为5147.84亿元，约是全国平均水平的2倍，增速为7.58%，高于全国平均水平。从长三角内部来看，2018年安徽省社会消费品零售总额增速最快，2017年浙江省批发和零售业增速最快（见表8）。

表8　长三角地区批发和零售业发展状况

单位：亿元，%

地　区	2018年社会消费品零售总额	2018年社会消费品零售总额增速	2017年批发和零售业增加值	2017年批发和零售业增加值增速
上海市	12668.7	7.09	4393.36	6.65
江苏省	33230.4	4.70	8070.23	8.03
浙江省	25007.9	2.88	6217.29	8.05
安徽省	12100.1	8.11	1910.47	7.58
长三角	20715.78	5.70	5147.84	7.58
全　国	12160.37	3.59	2569.89	7.02

资料来源：笔者根据国家及地方统计局数据整理。

分省市情况如下。

上海市：2017年上海市批发和零售业增速为6.65%，2018年上海市批发和零售业继续增长，全年实现批发和零售业增加值4581.49亿元，但增速有所下降，仅为3.3%。2018年上海实现商品销售总额11.95万亿元，比上年增长5.6%。其中，批发销售额10.79万亿元，增长5.3%。2018年实现社会消费品零售总额12668.7亿元，比上年增长7.9%。其中，无店铺零售额1925.99亿元，增长13.8%。网上商店零售额1506.70亿元，增长15.8%，占社会消费品零售总额的比重为11.9%。[①] 分商品类别看，2018年吃、穿、用、烧的商品零售额分别为2517.31亿元、2535.51亿元、6803.73亿元、812.13亿元，分别增长5.5%、15.4%、5.5%、13.7%，分别占社会消费品零售总额的19.9%、20.0%、53.7%、6.4%。上海市批发和零售业快速发展，得益于上海人均可支配收入的不断上涨，统计显示，2018年全市居民人均可支配收入64183元，比上年名义增长8.8%；扣除价格因素实际增长7.1%，实际增速比上年提高0.3个百分点。同时，上海批发和零售业的商业模式不断创新，尤其是无店铺的网上销售发展迅速。

江苏省：2018年，江苏省社会消费品零售总额为33230.4亿元。按行

① 2018年上海市统计公报。

业分，批发和零售业零售额增长7.7%；住宿和餐饮业零售额增长9.7%。从江苏省内部来看，苏南地区社会消费品零售总额最大，实现绝对量19226.16亿元，苏中地区增速最快，达到8.3%。从各市来看，无锡市、常州市、南通市和扬州市社会消费品零售总额均实现了较快增长，增速都在9.0%以上，而镇江市、泰州市等增速相对较缓，均在6.0%以下。①

浙江省：2018年浙江省社会消费品零售总额25007.9亿元，比上年增长2.88%。② 浙江省于2018年10月发布了《浙江省推动批发零售业改造提升行动方案（2018—2022年）》，计划到2022年全省批发零售业改造提升取得显著成效，具体实现以下目标：打造全国领先的流通强省。全省批发和零售贸易商品交易额达到16万亿元，年均增长8%，产业规模保持全国第五位、力争第四位。批发零售业、住宿业、餐饮业增加值达到1.1万亿元，年均增长8%，占GDP的比重达到14%左右，居全国第四位。线上线下商品交易额居全国第一位。新增商贸流通投资5000亿元，其中5亿元以上项目300个。批发零售业占GDP的比重达到14%左右。因此，浙江省的批发零售业未来可期。

安徽省：2018年安徽省社会消费品零售总额12100.1亿元，比上年增长8.11%，扣除价格因素实际增长9.4%。③ 安徽省2018年批发和零售业发展较快，以合肥市为例，2018年1～10月，全市新增市场主体户数及其同比增速、新增个体工商户及其同比增速均列全省第一位。截至10月底，合肥市场主体户数正式迈过80万大关。截至10月，合肥实有市场主体总数806893户，同比增长23.8%。全市实有市场主体注册资本总额31000.5亿元，同比增长35.8%。

（二）房地产业

2018年，长三角地区房地产开发投资状况良好，全年完成房地产开发

① 2018年江苏省统计公报。

② 2018年浙江省统计公报。

③ 2018年安徽省统计公报。

投资30934.56亿元，增速为11.51%。从长三角地区内部来看，浙江省房地产开发投资增速最快，为20.90%，上海、安徽的增速均低于全国平均水平（见表9）。

表9　2018年长三角地区房地开发投资概览

单位：亿元，%

项目	全国	上海	浙江	江苏	安徽	长三角
房地产开发投资	120263.51	4033.18	10982.34	9944.93	5974.11	30934.56
房地产开发投资增速	9.53	4.58	20.90	14.1	6.44	11.51

资料来源：笔者根据国家及地方统计局数据整理。

分省市情况如下。

上海市：2018年完成房地产开发投资额比上年增长4.58%。其中，住宅投资增长3.4%，办公楼投资增长7.9%，商业营业用房投资下降8.9%。[①] 2018年上海的房地产政策松紧有度，以规范市场秩序、促进长效发展为主，无限制需求的收紧政策出台。上海市住建委提出了“一个定位、两大体系、三个为主、四位一体”和租购并举的住房制度体系，2019年的目标是新建和转化房源10万套，新增代理经租房源9万套。

浙江省：2018年房地产开发投资比上年增长20.9%，其中住宅投资增长26.8%。商品房销售面积9755万平方米，增长1.6%；商品房销售额14090亿元，增长14.2%。[②] 从房地产市场主要运行指标来看，房地产开发投资持续增长，商品房销售规模低速增长，商品房销售价格有所上涨，新开工面积增速放缓，竣工面积连续下降，企业资金较为紧张。总体来看，房地产市场保持平稳运行，未来房地产调控政策将面临调整，市场以稳为主。

江苏省：2018年房地产开发投资比上年增长14.1%。全年商品房销售

---

① 2018年上海市统计公报。

② 2018年浙江省统计公报。

面积13484.2万平方米，比上年下降5.1%。其中，住宅销售面积12040.7万平方米，比上年下降3.6%。[①] 2018年江苏省房地产开发企业数量、总资产均居全国前三，全省有4家房企上榜全国百强，排名整体前移。市场形势由热转冷，城市间分化更加显著，土地量升价跌，土地拍卖行情趋冷，开发投资保持增长，竣工面积仍处于下滑通道，商品房销售经过三年连续增长后转为下降，住房贷款稳步增长，公积金贷款增速由降转升。

安徽省：2018年房地产开发投资5974.11亿元，较上年增长6.44%。商品房销售面积10038.4万平方米，增长9.1%；商品房销售额7077亿元，增长20.6%；年末商品房待售面积1682.6万平方米，下降16.8%。[②] 根据2018年1～9月中国（安徽）房地产数据榜单，2018年前三季度，TOP20房企（安徽区域）整体销售金额达1902亿元，全省16个城市土地出让面积达4348万方。绿地、碧桂园、祥源控股拿地面积高企，阜阳、亳州、宿州成供地大户。

（三）金融业

2018年，长三角地区金融业发展状况较好，银行存贷款比例有所上升，证券业和保险业发展势头良好。2018年末，长三角地区金融机构平均实现存款余额107005.16亿元，较上年上涨8.73%，贷款余额83395.41亿元，增速为12.90%，增速较上年略有下降。从长三角地区内部来看，存款余额安徽省实现两位数增长，达到11.1%，江苏省增速最低，仅为7.5%；贷款余额四省市均实现两位数增长，浙江省增速最高，为17.2%，江苏省次之，为13.3%，安徽省为12.6%，上海市最低，仅为8.49%（见表10）。

---

① 2018年江苏省统计公报。

② 2018年安徽省统计公报。

表 10　2018 年长三角地区金融机构各项存贷款余额及增速

单位：亿元，%

项目		上海	江苏	浙江	安徽	长三角
存款	余额	121112.33	139718	116513	50677.3	107005.16
	增速	7.70	7.5	8.6	11.1	8.73
贷款	余额	73272.35	115719	105775	38815.3	83395.41
	增速	8.49	13.3	17.2	12.6	12.90

资料来源：笔者根据国家及地方统计局数据整理。

分省市情况如下。

上海市：2018 年上海实现金融业增加值 5781.63 亿元，比上年增长 5.7%。金融业深化改革创新，实现平稳发展。上海国际金融中心建设步伐加快，上海金融法院获批成立，原油期货成功上市，中国人寿上海总部、建信金融科技等总部型功能性机构落户，人民币跨境使用范围进一步拓展。[①] 以浦东地区为例，浦东是上海国际金融中心建设的核心功能区，也是上海具有全球影响力的科创中心的核心承载区，因此也是金融中心、科创中心联动建设的主战场。按照市委、市政府总体部署，近年来浦东一直致力于金融中心、科创中心联动建设，浦东集聚了上海全市的金融基础设施和要素市场的 80%，拥有上海 60% 的持牌类金融机构，全球十大资管机构中有 9 家在陆家嘴落户。浦东第一产业是金融业，2018 年金融业完成增加值 2937 亿元，占浦东地区生产总值的比重超过 28%，为上海全市贡献了超过 50% 的增加值。

江苏省：2018 年金融信贷规模扩大。年末全省金融机构人民币存款余额 139718 亿元，同比增长 7.5%，增加 9775.1 亿元。[②] 社会融资总量全国占比同比小幅上升，贷款增长呈逐季加快趋势，制造业、小微企业贷款获得率提高，直接融资规模连续七年保持全国第一，IPO 企业数量位居全国第一。可以说，金融助力实体经济发展势头不减，法人金融机构活力进一步提

① 2018 年上海市统计公报。

② 2018 年江苏省统计公报。

升，金融改革创新迈出坚实步伐，守住了不发生系统性风险的底线。

浙江省：2018 年末全部金融机构本外币各项存款余额 116513 亿元，比上年末增长 8.6%，其中人民币存款余额增长 9.4%。[①] 浙江省金融业的快速发展有以下经验：一是国际并购、跨境并购一直走在前列，中国最知名跨境并购案例也是由浙江省的企业创造出来的，吉利汽车在七八年前并购沃尔沃，随后浙江省大量的民营企业在国际市场上展开了一系列并购。跨境并购已经成为浙江经济转型升级的重要推手之一，也是企业质量效益提升、技术提升、品牌提升的重要动力之一。二是金融科技的发展在浙江省也体现出十分有利的态势，尤其是杭州市在 2017 年的钱塘江论坛上就明确提出打造"国际金融科技中心"，并做了一系列的部署，现在杭州市整体金融科技的发展态势在全国处于领先地位。三是大宗商品的金融服务，如在浙江召开的第二届世界油商大会上，几乎全球主要的石油巨头，原油开采、炼化领域及贸易领域的大部分人都参加了这个会议。会上围绕原油，拓展了一系列的贸易人民币国际化相关的金融服务，这是浙江的最新成果。

安徽省：2018 年，安徽省紧紧围绕服务实体经济、防控金融风险、深化金融改革三项任务，贯彻落实金融宏观调控政策，加快转变金融发展方式，促进经济金融良性循环。扎实开展违法违规金融活动打击行动，开展互联网金融专项整治行动和地方金融机构不良资产压降行动，坚决守住不发生系统性金融风险底线，取得了良好效果。2018 年全年社会融资规模增量累计 5382.2 亿元，比上年减少 2616.5 亿元。年末全省金融机构人民币各项存款余额 50677.3 亿元，比上年末增加 5068.5 亿元，增长 11.1%。[②]

（四）运输、仓储业和邮政业

2018 年，长三角地区运输、仓储业和邮政业发展状况良好，增加值和

① 2018 年浙江省统计公报。

② 2018 年安徽省统计公报。

运输量等均有所增长，电信业务总量也有所上升。

分省市情况如下。

上海市：2018 年全年实现交通运输、仓储和邮政业增加值 1533.36 亿元，比上年增长 10.4%。全年各种运输方式完成货物运输量 107386.82 万吨，比上年增长 10.4%。[①] 中国邮政快递行业运行情况显示，2018 年1~12 月全国快递业务收入最多的城市为上海，达 1020.3 亿元。

江苏省：2018 年交通运输业发展平稳，社会物流规模稳中有进。2018 年，全省社会物流总额为 302551.9 亿元，同比增长 8.2%，社会货运结构持续调优，全省实现总货运量为 247388.1 万吨，比上年同期增长 5.7%，货物周转量为 9684.0 亿吨公里，比上年同期下降 0.5%。物流运行效率稳步提升，2018 年，全省社会物流总费用为 12892.7 亿元，同比增长 6.5%，物流企业效益明显改善，同时物流市场活动较为活跃。[②]

浙江省：2018 年交通运输、仓储和邮政业增加值 2082 亿元，比上年增长 6.1%。其中快递业务的增长十分显著，浙江省邮政局数据显示，2018 年 1~12 月，全省邮政行业业务收入（不包括邮政储蓄银行直接营业收入）累计完成 940.3 亿元，同比增长 22.5%；业务总量累计完成 2326.2 亿元，同比增长 34.6%。分城市来看，2018 年浙江省快递业务收入排名前十的城市依次为杭州、义乌、宁波、温州、嘉兴、金华（不含义乌）、台州、绍兴、湖州、丽水。[③]

安徽省：2018 年旅客运输量 6.4 亿人次，比上年下降 8.3%；货物运输量 40.7 亿吨，增长 0.8%。安徽省自 2016 年实施物流业降本增效专项行动实施方案以来，成效显著，解决了物流领域长期存在的成本高、效率低等突出问题，大力推动物流业降本增效，推进物流业转型升级。[④]

---

① 2018 年上海市统计公报。

② 2018 年江苏省统计公报。

③ 2018 年浙江省统计公报。

④ 2018 年安徽省统计公报。

（五）旅游业

2018 年，长三角地区旅游业继续保持较快增长势头，景区数量和服务水平不断提升，总收入不断上涨。

分省市情况如下。

上海市：2018 年实现旅游产业增加值 2078.64 亿元，比上年增长 8.1%。全年接待国际旅游入境者 893.71 万人次，比上年增长 2.4%。上海充分利用红色文化、海派文化、江南文化等资源，不断提升景区服务水平和服务质量，扩大国际影响力。当前旅游业已成为上海经济重要的支柱产业之一。①

江苏省：江苏省不断探索“旅游＋N”的文旅融合新模式，探索研究如何把历史文化与现代文明融入旅游发展，打造出体现文化内涵、人文精神的特色旅游产品。比如，苏州丰富产品供给，不断推进文化遗产旅游融荣共生；南京江宁依托“两山一湖”，打造全域旅游的江宁样本，效果十分显著。2018 年江苏省旅游业较快增长，全年接待境内外游客 81823.7 万人次，比上年增长 9.6%；实现旅游业总收入 13247.3 亿元，增长 13.6%。②

浙江省：2018 年旅游产业增加值 4391 亿元，比上年增长 10.0%，占 GDP 的 7.8%；旅游总收入 10006 亿元，比上年增长 11.9%，接待游客 6.9 亿人次，比上年增长 8.7%，其中接待入境过夜游客 456.8 万人次，比上年下降 4.2%。2018 年，浙江省接待外国过夜游客按各大洲的分布情况是：亚洲游客 149.7 万人次，比上年下降 1.6%；欧洲游客 6.8 万人次，比上年下降 4.7%；美洲游客 53.7 万人次，比上年下降 6.8%；非洲游客 10.7 万人次，比上年下降 28.7%；大洋洲游客 10.4 万人次，比上年下降 18.1%。③

安徽省：2018 年入境旅游人数 607 万人次，比上年增长 10.5%。其中，外国人 354 万人次，比上年增长 10.3%；港澳台同胞 253 万人次，比上年增

① 2018 年上海市统计公报。

② 2018 年江苏省统计公报。

③ 2018 年浙江省统计公报。

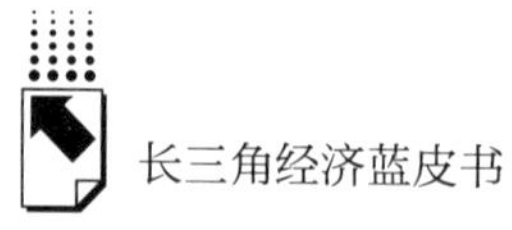

长10.9%。国内游客7.21亿人次，比上年增长15.2%。旅游总收入7241亿元，比上年增长16.8%。根据中商产业研究院的分析，综观安徽省2012～2018入境旅游情况，入境旅游业不断扩大，旅游外汇收入年均复合增长率为12.66%，入境旅游人数增加275.5万人。①

三　2019年长三角服务业发展展望

（一）2019年长三角服务业发展环境

当前，全球经济环境复杂多变，2018年，长三角区域合作办公室正式开始运行，长三角一体化拉开了新的序幕，科创板成功开市吸引了更多金融服务业在长三角集聚，服务业发展面临新的机遇与挑战。

从外部来看，当前国际环境复杂，单边主义和贸易保护主义抬头导致贸易摩擦加剧，欧洲和中东地区的地缘政治冲突给世界经济发展蒙上了阴影，全球政策不确定性显著提高，经济风险显著提升。

中国经济发展既面临机遇也面临挑战，2019年中国将把握长期大势，抓住主要矛盾继续深化改革，将积极的财政政策和稳健的货币政策实施好，进一步推动减税降费，给企业充分的发展空间，提升产业基础能力和产业链水平。进一步深挖国内市场潜力，扩大国内消费需求，增加制造业和服务业的投资，加大对民营经济的支持力度，将民营经济发展的支持政策落到实处，引导金融机构等更好地为民营经济服务。

从长三角内部来看，一是区域合作将进一步深化。长三办将着力推进以下工作：贯彻落实好规划纲要；进一步细化一体化示范区的相关建设方案；持续实施好三年行动计划；深化长三角合作机制，强化三级联动，充分发挥主要领导座谈会决策议事功能，强化联席会议协调功能，加大对区域性重大问题的协调力度等。二是科创板的成功开市给长三角金融和科技服务业发展带来新的机

① 2018年安徽省统计公报。

遇，科创板的开市是创新驱动与科技强国战略高度统一的具体呈现，通过进一步畅通科技、资本和实体经济的循环机制，加速科技成果向现实生产力转化，引领经济发展向创新驱动转型，加速我国经济动能转换。科创板的开市将很好地助推上海国际金融中心的建设和长三角金融服务业集聚，助推长三角金融体系的优化、金融立法的加快和金融平台的扩展，对整个地区金融能级提升及其全球影响力的扩大都有极大帮助。三是区域协调性将进一步加强，面对新一轮科技革命和产业变革带来的大好机遇，长三角在一体化的产业布局中既抓传统产业的版本升级，又在新兴产业和高新技术产业谋求突围。表面看来，目前长三角的产业分工结构还呈现与纽约城市群类似的金字塔形：上海是龙头，江浙是两翼，安徽是腹地。但实际上，此种产业生态似乎已经出现了类似区块链去中心、扁平化、分布式的倾向。且不说，高铁、高速、飞机、互联网等无形的配置手段正在替代特大城市有形的要素集成、配置能力，生产组织结构越来越扁平化、去中心化，新产业、新经济也将各大城市置于同一起跑线上。未来各城市间互补、协调发展将成为主要趋势。

（二）2019年长三角服务业发展展望

从国内外发展环境来看，不确定因素还很多，整体表现为机遇与挑战并存，服务业未来可期。从三次产业来看，预计服务业增速将继续超过第二产业，平均增速保持在10%左右，从产业结构来看，服务业占比将维持在55%左右，制造业的复苏可能会对服务业占比带来一定冲击，但产业整体由“二”向“三”转移的大趋势不会变。区域间合作加强，现代服务业快速增长，服务业跨区域产业链分工将进一步强化。

参考文献

[1] Browning H., Singelmann J., *The Emergence of a Service Society: Demographic and Sociological Aspects of the Sectoral Transformation of the Labor Force in the USA*,

Springfield, VA: National Technical Information Service, 1975.

[2]〔加〕格鲁伯、沃克:《服务业的增长:原因和影响》,陈彪如译,上海三联书店,1993。

[3] 刘培林、宋湛:《经济普查揭示的“秘密”:服务业是一个“昂贵”的产业》,林毅夫发展论坛讨论稿,2006。

[4] 陈保启、李为人:《生产性服务业的发展与我国经济增长方式的转变》,《中国社会科学院研究生院学报》2006年第11期。

B.7

2018～2019年长三角地区数字经济发展报告

徐丽梅*

摘　要： 我国数字经济处于快速发展阶段，长三角地区数字经济的发展走在全国前列。2018年，长三角地区数字经济总规模达到8.63万亿元，占地区GDP的比重为40.9%，占全国数字经济的比重为27.6%，增速达到18.3%，增长势头明显。从总体上看，长三角地区的数字经济延续了2017年的快速发展势头，四省市中有三个省市居全国数字经济综合指数前10位，它们是江苏、浙江和上海。长三角地区在数字经济基础部分的发展中有着良好的传统基础，2018年，该地区的电子信息产业保持了较快的增长速度，增速超过10%；对经济增长的贡献较为突出，数字经济占GDP的比重也超过10%。从数字经济与产业融合部分看，长三角地区的产业数字化规模占数字经济的比重大约为71.3%，产业数字化在零售、医疗、教育、文旅等领域都有显著发展。展望未来，长三角地区数字产业规模将继续扩大，产业进一步集聚化发展；数字产业与传统产业的融合也将越来越深入，会出现更多新业态，对国民经济的贡献进一步凸显，从而进一步推动长三角一体化进程。

* 徐丽梅，上海社会科学院应用经济研究所副研究员，研究方向为区域经济、数字经济。

关键词： 数字经济　长三角一体化　长三角地区

当前，我国数字经济处于快速发展阶段。中国信息与通信研究院发布的报告显示，2018 年，中国数字经济规模达 31.3 万亿元，按可比口径计算，名义增长 20.9%，占 GDP 的比重为 34.8%。数字经济已成为全球经济转型发展的重要驱动力，发展数字经济也已成为中国的国家战略，习近平总书记提出，“实施国家大数据战略，构建以数据为关键要素的数字经济，加快建设数字中国”。

长三角地区是中国经济发展水平较高、开放程度较高、人才和技术等要素最为集聚的区域，信息技术和信息产业发达，数字经济的发展也走在全国前列。近几年，随着 IT 技术、大数据、物联网等广泛应用，长三角地区的数字产业发展取得快速进步，数字经济在国民经济中的地位不断提升。据中国信息与通信研究院发布的数据，2018 年，长三角地区数字经济总规模达到 8.63 万亿元，增速达到 18.3%，占长三角地区 GDP 的比重达到 40.9%，占全国数字经济的比重达到 27.6%。长三角地区四个省市的数字经济发展各具特色。

一　长三角地区数字经济①发展现状

从总体上看，2018 年长三角地区的数字经济延续了 2017 年的快速发展势头。根据腾讯研究院发布的《2019 数字中国指数报告》，长三角 4 个省市中有 3 个省市排全国数字经济综合指数前 10 位，它们是江苏、浙江和上海，分别位居全国第 2 位、第 4 位和第 8 位。相比 2017 年，江苏的排名没有变化，浙江的排名下降 2 个位次，而上海则由第 10 名上升到第 8 名。长三角地区数字经济最不发达的省份依旧是安徽省，在全国仅排第 16 位，比上年上升 1 个位次。

① 我们沿用对“数字经济”概念的一般认识和上年度报告中对“数字经济”的定义，将“数字经济”分为数字经济基础部分（数字产业部分）和数字经济的产业融合部分（产业数字部分）。

从全国区域分布的角度看，长三角地区作为一个整体，数字经济发展水平较高，尤其是江苏、浙江和上海，数字经济各领域的发展都有突出表现。但是如果从城市分布的角度看，2018 年长三角地区城市的数字经济发展水平则不具备突出优势，仅上海、杭州、苏州、南京四个城市排全国前 20 位；宁波 2017 年排在全国第 20 位之后，2018 年排名则上升至第 24 位。而长三角地区之外的北京、深圳、广州、成都、重庆、东莞、长沙、郑州等城市的数字经济发展水平则进一步提高，都排全国城市数字经济综合指数前 10 位（见图 1）。

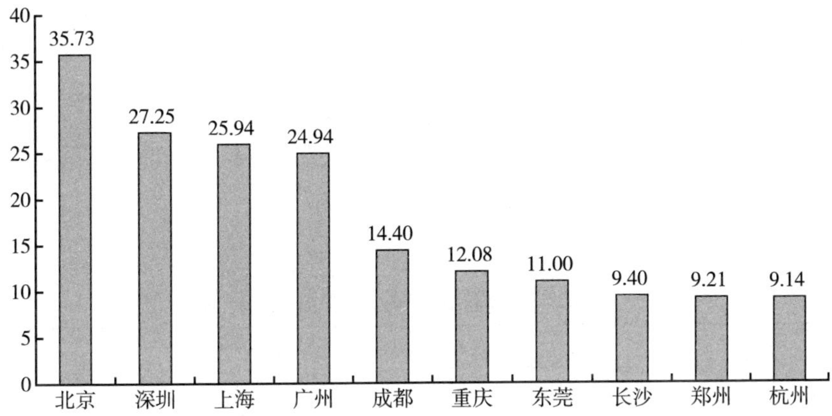

图 1　2018 年全国城市数字经济综合指数前 10 位

资料来源：腾讯研究院：《2019 数字中国指数报告》。

具体来看，长三角地区 4 个省市的数字经济发展各具特色。

（一）上海市

上海的数字经济发展水平在全国处于第一梯队中。2018 年上海的数字经济规模超过 1 万亿元，增速超过 15%。数字经济占据主导地位，数字经济 GDP 的占比超过 50%。[①] 作为世界性大都市，上海一直高度重视信息化和互

① 中国信息通信研究院：《中国数字经济发展与就业白皮书（2019 年）》。

联网的建设，积极实施国家信息化发展战略，全面推进智慧城市建设，目前上海的信息化水平和互联网应用水平都领先于全国，部分指标达到发达国家先进水平。在数据及信息化基础设施领域，上海市较早建成大数据和云计算中心。上海是我国八大国家大数据综合试验区之一，2017 年启动实施大数据社会治理创新试点工程项目，建成上海大数据应用创新中心。在城市服务方面，上海在医疗、政务、教育等领域的数字经济发展水平较高，尤其是制造业与数字技术融合方面走在全国前列。2017 年，上海提出工业互联网计划，预备用三年时间，初步形成以制造业为基础的工业互联网发展生态体系。

在产业分布上，上海市提出产业发展形成“一心、一环、两带、多区”的总体布局。与数字经济紧密相关的是“一环”，是指中外环融合性数字产业的发展，重点发展人工智能、大数据、智能硬件等融合性数字产业。此外，浦东集成电路、宝山机器人、嘉定智能传感器、松江智能制造装备、青浦北斗导航和卫星服务等产业也加快集聚。

表 1　上海市融合性数字产业园及产业定位

数字产业园区	所在行政区	产业
紫竹高新区	闵行区	信息技术
漕河泾开发区	徐汇区	信息技术、生命健康
市西软件信息园	青浦区	信息技术
市北高新区	静安区	大数据
创智信息产业带	杨浦区	人工智能及大数据
创谷信息产业带	杨浦区	人工智能、文化创意
徐汇滨江	徐汇区	人工智能、文化创意
吴泾地区	闵行区	人工智能、科技时尚
临港浦江园	闵行区	人工智能
北杨人工智能小镇	徐汇区	人工智能
人工智能未来小镇	闵行区	人工智能
桃浦地区	普陀区	智能科技、健康服务
临港松江科技城	松江区	工业互联网
南大地区	宝山区	车联网、智能服务机器人
吴淞地区	宝山区	智能硬件、新材料
杨浦滨江产业带	杨浦区	智能科技、科技金融

资料来源：上海市经济与信息化委员会。

（二）江苏省

江苏省经济与信息化委员会的数据显示，2018 年江苏信息化发展水平指数达到 78.22，数字经济规模达到 2.39 万亿元，排在广东之后居全国第 2 位。[①] 阿里巴巴的《2018 中国数字经济发展报告》显示，江苏省数字消费力也不容小觑，全国排第 3；在数字城市建设方面，我国公共服务数字化渗透率最高的城市是杭州。为推进数字化建设，2018 年 10 月，江苏省政府出台新一轮“智慧江苏”建设行动计划，突出“智慧便民、智慧兴业、智慧行政”，深化经济社会各领域的信息化应用。此外，还将推动南京、苏州等有条件地区先行探索建设“城市大脑”。预计到 2020 年，江苏省数字经济规模占国民经济规模的比重将达到 50%，数字经济逐步占据主导地位。[②]

江苏省的数字产业主要分布在苏州、无锡、南京、南通四市，形成了一条蔚为壮观的沿江“硅走廊”。盐城、南通大数据产业园发展良好，南京江北新区、无锡物联网产业园区、苏南现代化示范区正在打造基于云计算的区域性数据汇聚平台。值得强调的是，江苏省以做优做强物联网企业、发展壮大物联网产业为重中之重，不断加大政策支持和推进力度，逐渐形成以无锡为核心、苏州为支撑的一体两翼产业布局。

表 2　江苏省部分地区的主导产业

地区	主导产业	地区	主导产业
南京	软件和智能电网	苏州	数字创意
无锡	物联网	徐州	高端智能装备
常州	智能制造	南通	大数据

① 《江苏省数字经济规模达 2.39 万亿，位居全国第二》，《新华日报》2018 年 12 月 19 日。

② 钱志新：《加快发展江苏数字经济》，《新华日报》2018 年 8 月 14 日。

（三）浙江省

2018年，浙江省发布《浙江省数字经济五年倍增计划》，大力发展以数字经济为核心的新经济。为推进全省数字经济的发展，省委、省政府专门成立省数字经济发展领导小组，建立并优化“1+X”领导工作体系，把数字经济作为一张“金名片”，深入实施数字经济“一号工程”，以“数字产业化、产业数字化”为主线，启动实施数字湾区、“无人车间”、“无人工厂”、移动支付之省、eWTP电子世界贸易平台、城市大脑、5G+、未来社区、“掌上办事”、“掌上办公”等标志性引领性工程，全面促进数字经济发展。2018年，浙江省数字经济总量达2.33万亿元，较上年增长19.26%，占GDP的比重达41.54%，高出全国平均水平6.74个百分点，总量和增速均居全国第4位。[①] 全省数字经济优势企业中超千亿元企业1家、超百亿元企业12家，14家企业入选“2018年全国电子信息百强企业”，百强数居全国第2位。在传统产业改造提升方面，浙江新增工业机器人1.6万台，淘汰企业落后产能1733家。[②]

浙江省的数字产业基本形成了“一核、二优、多园”的布局。“一核”是以杭州城西科创大走廊建设为依托，建设数字经济的“六大中心”；[③]“二优”是以宁波、嘉兴两市为主，打造浙江数字产业发展的两大优势区域；“多园”是指以各类发展示范区、集聚区、产业园等为基础，打造数字产业的重要产业集群。

表3　浙江部分数字经济集聚区

数字经济集聚区	主导产业
杭州高新技术产业开发区、浙江杭州出口加工区、浙江临安经济开发区	信息技术、生命健康、汽车配件、跨境电商，装备制造、新材料、新能源

① 资料来源于浙江省政府新闻办、浙江省数字经济发展情况新闻发布会，2019年5月24日。

②《浙江蓝皮书：2019年浙江发展报告》以及政府工作报告。

③ 国际电子商务中心、全国云计算和大数据产业中心、物联网产业中心、互联网金融创新中心、智慧物流中心、数字内容产业中心。

续表

数字经济集聚区	主导产业
宁波高新技术产业开发区、宁波保税区、浙江宁波出口加工区、宁波望春工业园区、浙江慈溪出口加工区	电子信息、节能环保、加工制造、集成电路、精密机械、跨境电商、智能家电
温州高新技术产业开发区、浙江温州鹿城轻工产业园区、浙江乐清工业园区	激光及光电、电商、软件、装备制造、电子信息、电子元件
嘉兴秀洲高新技术产业开发区、浙江嘉兴工业园区、嘉善经济技术开发区	智能制造、信息技术、装备制造、通用设备
绍兴高新技术产业开发区	电子信息、新材料、环保

（四）安徽省

安徽省把数字经济作为经济发展的重点，2018 年省经信厅实施了数字经济开篇工程，“点、线、面”结合，全面推动数字经济发展。“点”上实施“皖企登云”行动计划，加速企业向数字化、网络化、智能化转型，2018 年全年实现了 1500 家企业与云资源深度对接；“线”上发展“互联网 + 先进制造业”，工业互联网平台建设初见成效，截至2018 年底，全省新增 316 家企业通过两化融合管理体系认定，通过数量居全国第 4 位；“面”上营造数字经济发展环境，数字产业化、产业数字化加快推进，出台了《支持数字经济发展若干政策》《关于加快建设“数字江淮”的指导意见》等，以推进数字产业化和产业数字化为路径，做大数字经济规模，全面支持各领域数字经济的发展。据测算，2018 年安徽省数字经济规模大约为 0.8 万亿元，增速超过 15%。①

在安徽省内，合肥、芜湖、马鞍山等地形成数字经济发展的集聚区。安徽重点围绕软件产业基础较好的城市和云计算、大数据等战略性新兴产业基地布局，形成以合肥为核心，以皖江示范区为依托，协调发展、特色集聚的数字经济发展格局。

① 中国信息通信研究院：《中国数字经济发展与就业白皮书（2019 年）》。

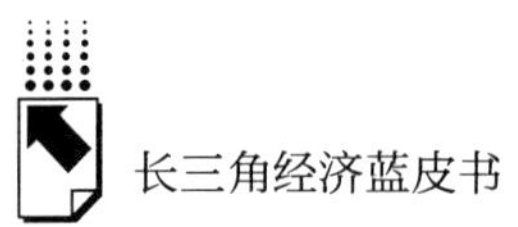

二　数字经济的产业环境与基础设施

（一）产业环境

长三角地区各省市政府都非常重视数字经济的发展，都有各自的发展目标并制定了相应的政策。上海提出要建设“亚太数据之都”，成为中国国家战略数据储备中心、亚太地区重要的数据交易市场和全球“数据经济”枢纽城市；浙江省强调数字经济是“一号工程”，提出“争创国家数字经济示范省”；江苏省提出建设“智慧江苏”的目标，并制订了相应的行动计划，致力于建设更高水平、更有优势、更具活力的“智慧江苏”；安徽提出要加快建设“数字江淮”，大力发展数字经济，推进数字产业化、产业数字化，构建现代化经济体系。在这些宏观战略目标之下，各地政府又出台了一系列政策和指导文件，围绕着软件与集成电路的发展、制造业与互联网的融合、人工智能、工业互联网等，从不同方面对数字经济的发展进行了规划和引导，支持本地数字经济更好更快发展。

表4　长三角地区数字经济发展相关的政策

地区	时间	政策
浙江	2018年9月	《浙江省数字经济五年倍增计划》
	2018年8月	《浙江省软件产业创新能力提升三年行动计划》
	2018年1月	《关于进一步加快软件和信息服务业发展的实施意见》
	2017年3月	《关于深化制造业与互联网融合发展的实施意见》
上海	2017年1月	《关于本市加快制造业与互联网融合创新发展的实施意见》
	2017年4月	《关于本市进一步鼓励软件产业和集成电路产业发展的若干政策》
	2017年1月	《上海市工业互联网创新发展应用三年行动计划(2017～2019年)》
江苏	2018年12月	《关于进一步加快智能制造发展的意见》
	2018年5月	《江苏省新一代人工智能产业发展实施意见》
安徽	2018年10月	《支持数字经济发展若干政策》
	2018年9月	《关于加快建设“数字江淮”的指导意见》

数字技术的发展，能很好地支持各个地区建立规范有序的政府网站；而电子政务的完善，则可以反过来支持本地数字经济的发展和提升政府为民服务的水平。图2是2018年长三角地区各省市政府网站数量，整个长三角地区的政府网站数量达到6961个。政府网站的建立和规范，有效加强了与民众的信息沟通和数据共享，也反映了各地数字技术的利用水平和信息化建设水平。

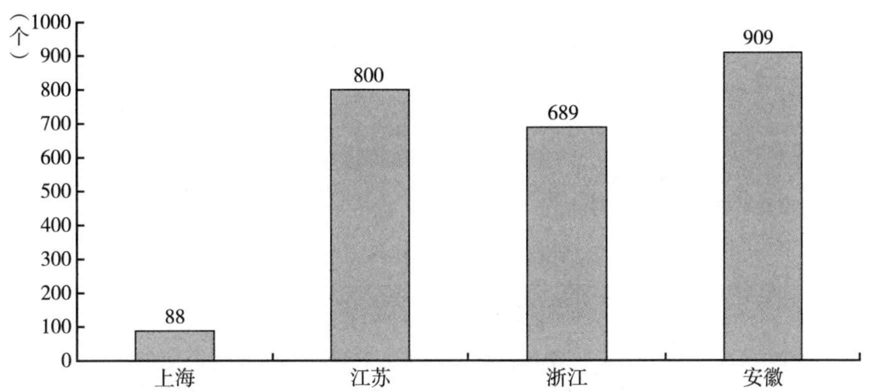

图2　2018年长三角各省市政府网站数量

资料来源：中国互联网络信息中心：《中国互联网络发展状况统计报告（2019年）》。

专栏1　长三角一体化发展三年行动计划中数字经济领域相关议题

目前，建设“数字长三角”得到长三角各地政府的重视，以“长三角一体化”为目标，政府之间达成很多框架协议，以便进一步推动5G、法律、医疗、工业、交通等多方面的数字一体化建设。

表5　长三角一体化数字经济领域相关议题

序号	领域	内容
1	5G先试先用推动长三角数字经济发展战略合作框架协议	三省一市将以建成全国乃至全球5G网络和应用先试先用的地区之一为目标，深入贯彻落实建设数字中国、网络强国、智慧社会的发展策略，以5G为引领，围绕新连接、新枢纽、新计算、感知、信息安全建设等开展广泛深入的战略合作，打造网络连接速度最快的世界级城市群

续表

序号	领域	内容
2	长三角地区推进"人工智能+法院"深度战略合作框架协议	依托科大讯飞技术力量,三省一市法院共同支持探索人工智能在刑事案件审判流程中的应用,深化人工智能在司法审判流程中的应用,拓展大数据技术在司法领域中的应用
3	长三角地区推进"互联网+"医联体合作框架协议	牵头医院将与腾讯一起,构建覆盖诊前、诊中、诊后的线上线下一体化医疗服务模式,加快实现长三角地区医疗资源上下贯通、信息互通共享、业务高效协同,催生出更加普惠性、共享性和开放性的医疗生态
4	长三角地区推进工业互联网平台集群联动战略合作框架协议	三省一市在跨行业跨领域平台、标识解析服务体系、服务体系和服务资源池、网络安全保障体系、应用与互信、融合生态等方面强化合作,在全国率先建成区域性工业互联网平台集群,将海量工业数据资源转化为高效率的生产、高质量的创新
5	G60科创走廊推进工业互联网协同发展实施方案	包括上海松江、杭州、嘉兴、湖州、金华、苏州、合肥、芜湖、宣城等城市在内的长三角九地市将开展制度对接,共同制定跨区域的工业互联网政策;加强财税扶持,共同设立工业互联网专项资金;共同聚焦优势平台、产业示范、技术研发等方面,推动实现技术升级和项目落地

（二）基础设施

要发展数字经济，良好的网络基础设施是保障。表6是长三角各地的互联网宽带接入端口及用户等情况，可以看到，长三角地区的互联网宽带接入规模和用户规模都占到全国20%左右，而人均互联网宽带接入端口则与全国持平，考虑到长三角地区人口数占全国总人口数的比重为16%，则这样的互联网基础设施已然足够。如果从长三角内部看，江苏、浙江的互联网宽带接入都非常充足；同样，它们互联网宽带接入端口规模和用户规模也较大，甚至都超过了上海。仍然要考虑到不同省份人口规模的差异，从人均互联网宽带接入端口这一指标可以看出，浙江省的数值最高，其次是江苏省和上海市，安徽省排最后。

表6　2017年互联网用户情况

项目	互联网宽带接入端口（万个）	移动互联网用户（万户）	互联网宽带接入用户（万户）	人均互联网宽带接入端口
上　海	1810.2	3393.1	681.3	0.75
江　苏	6531.7	9257.6	3106.1	0.82
浙　江	5455.1	7456.3	2464.6	0.98
安　徽	2872.2	4639.7	1323.7	0.46
长三角	16669.2	24746.7	7575.7	0.56
全　国	77599.1	127153.7	34854.0	0.56
长三角占全国的比重（%）	21.5	19.5	21.7	—

资料来源：《2017中国信息产业年鉴》。

另外，还可以从域名数和网站数一窥各地的信息化发展水平。表7是2017年长三角各省市互联网的域名数和网站数情况，可以看出，长三角地区域名数和网站数分别占全国的17.7%和22.2%。

表7　长三角互联网的域名数和网站数情况

单位：万个，%

项目	域名数	网站数
长三角	682	118.5
全　国	3848	533.3
占　比	17.7	22.2

资料来源：《2017中国信息产业年鉴》。

从长三角内部来看，2017年，上海、江苏、浙江三省市的域名数和网站数都较高，安徽则较低。从域名数来看，上海的域名数最多，其次是浙江省和江苏省，最低的是安徽省。从网站数来看，上海市和浙江省基本持平，都在40万个以上，最低的仍然是安徽省（见图3）。

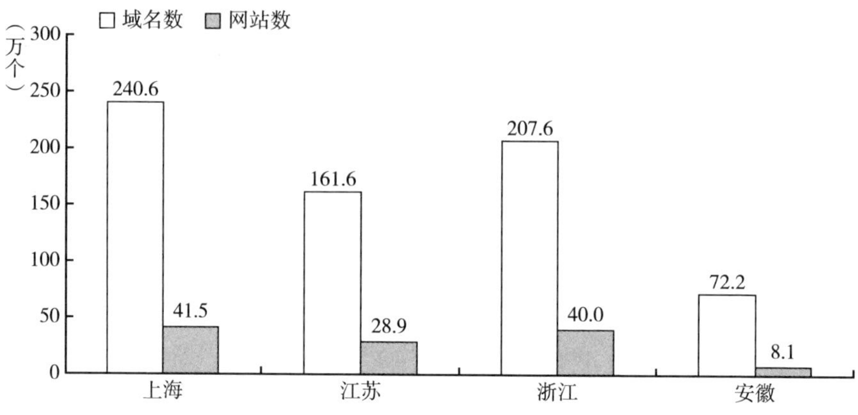

图 3　2017 年互联网的域名数和网站数

资料来源：《2017 中国信息产业年鉴》。

三　长三角地区数字经济基础部分的发展

数字经济的基础部分主要是指传统意义上的电子信息产业，包括电子信息制造业、软件和信息技术服务业。长三角地区在数字经济基础部分的发展有着良好的传统基础。

（一）信息产业经济贡献突出

2018 年，长三角地区的电子信息产业在国民经济中依然保持领先地位，对经济增长的贡献较为突出。四个省市的电子信息产业保持了较快的增长速度，均超过 10%，占 GDP 的比重都超过 10%，继续保持着支柱产业的地位。

上海市全年实现电子信息产业增加值 3508.30 亿元，比上年增长 13.7%。电子信息产业增加值占 GDP 的比重达到 10.7%，是名副其实的“支柱产业”。

江苏省的电子信息制造业增加值比上年增长 11.3%，软件和信息技术服务业、互联网和相关服务业营业收入则分别增长 15.2% 和 39%。[①] 其中新能

① 江苏省 2018 年国民经济和社会发展统计公报。

源汽车、城市轨道车辆、3D 打印设备、智能电视和服务器等新产品产量比上年分别增长 139.9%、107.1%、51.4%、36.4%和 26.2%，增速非常显著。

浙江省则直接聚焦“数字经济”的发展，据统计，2018 年浙江“数字经济”核心产业增加值达到 5548 亿元，较上年增长 13.1%。其中新一代信息技术和物联网增加值实现快速增长，增速达到 19.9%。①

安徽省的电子信息产业发展沿袭了往年的特点，产业规模虽然小于其他三省市，但是增长速度则表现突出。据统计，2018 年安徽省信息化和软件服务业全年实现营业收入 803 亿元，同比增长 29%，成为全省经济中增速最高、活跃度最强的领域之一。②

表 8　2018 年长三角地区电子信息产业发展情况

单位：亿元，%

地区	GDP	电子信息产业增加值	电子信息产业增加值占 GDP 的比重
上海	32679.9	3508.3	10.7
江苏	92595.4	—	—
浙江	56197.0	5548.0	9.9
安徽	30006.8	—	—

资料来源：各地 2018 年国民经济和社会发展统计公报。

（二）电子信息制造业发展稳定

在过去的一年里，长三角地区的电子信息制造业继续呈现稳步发展的趋势，但同时各个省市的发展情况不尽相同。

2018 年上海市实现电子信息制造业总产值 6450.23 亿元，比上年增长 1.9%，远低于 2017 年 7.6%的增长速度。上海虽然电子信息产品制造业总产值增速有所下降，但更加注重新型设施和产品的发展。2018 年上海加快部署新型城域物联专网，全市千兆光纤用户覆盖总量比上年末增加 495 万户。并且在年内完成 5G 百站规模试验网建设，组建上海 5G 创新发展联盟，

① 浙江省 2018 年国民经济和社会发展统计公报。

② 安徽省经济和信息化厅。

为未来5G的应用做好了铺垫。①

江苏省电子信息制造业增加值2018年增长11.3%，保持了较高的增长速度，尤其是智能制造、新型材料、新型交通运输设备和高端电子信息产品产量实现较快增长。②

浙江省的信息产业发展也有突出表现，其中新一代信息技术和物联网增加值增长19.9%，智能手机、智能电视、工业机器人等的产量快速增长。③

安徽省的计算机、通信和其他电子设备制造业产值在2018年实现增长28.8%，几乎是上年增速的2倍。④

表9　2018年长三角地区电子信息制造业情况

地区	产品	产量	比上年增长(%)
上海	智能电视(万台)	137.7	12.7
	智能手机(万台)	4711.4	4.5
	3D打印设备(台)	578.0	12.5
	集成电路圆片(万片)	597.0	2.1
江苏	微型电子计算机(万台)	6215.0	-0.5
	光纤(万千米)	6870.9	3.4
	智能手机(万台)	4867.7	-22.7
	智能电视(万台)	1045.9	36.4
	集成电路(亿块)	564.2	11.5
浙江	光纤(万米)	4165.7	115.6
	集成电路(亿块)	65.4	-20.0
	电子元件(亿只)	952.6	3.7
	智能手机(万台)	4955.9	21.3
	工业机器人(套)	4707.0	8.0
安徽	新型显示(亿元)	—	—
	集成电路(亿块)	—	—
	工业机器人(套)	—	18.3

资料来源：2018年各省市国民经济和社会发展统计公报以及经信委网站。

① 2018年上海市国民经济和社会发展统计公报。

② 2018年江苏省国民经济和社会发展统计公报。

③ 2018年浙江省国民经济和社会发展统计公报。

④ 2017年增速为15.1%。

（三）软件和信息技术服务业增长较快

2018 年，长三角地区的软件和信息技术服务业呈现较快增长态势，增速仍然高于电子信息制造业。

首先，从产业结构来看，长三角各省市的软件和信息服务业的增长仍然普遍快于电子信息制造业的增长。例如，2018 年上海信息服务业增加值的增长速度为 18.5%，而同年电子信息制造业的增长速度仅为 1.9%。江苏省 2018 年电子信息制造业增加值增长 11.3%，而软件和信息技术服务业、互联网和相关服务业营业收入则比上年分别增长 15.2% 和 39%。①

其次，从全国来看，长三角地区的软件和信息技术服务业规模约占到全国的 1/3，并且在全国的排名比较靠前。2018 年，江苏、上海仍位居全国软件业收入前 10 名，这两个省市的软件业务收入累计增速都超过 10%。

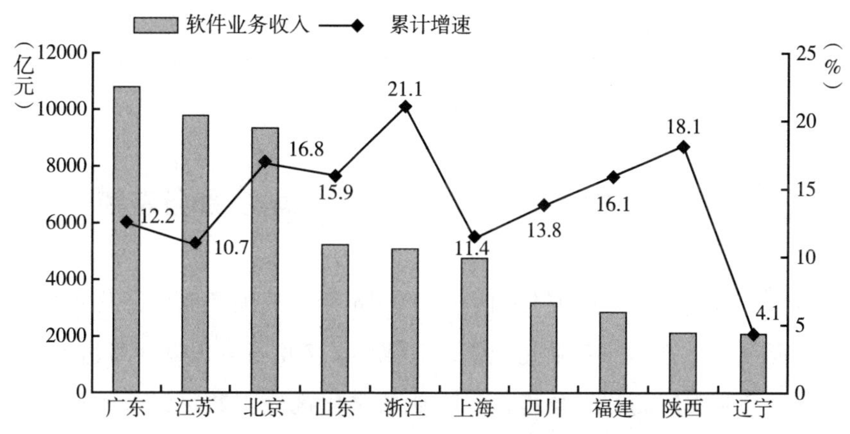

图 4　2018 年我国软件业务收入前十位省份

资料来源：中国工业和信息化部网站，http：//www.miit.gov.cn/。

最后，从长三角地区内部来看，2018 年 1～11 月 4 个省市的软件和信息技术服务业的发展仍然存在较大差异。无论是软件服务业收入、软件产品

① 2018 年各省市国民经济和社会发展统计公报。

收入，还是信息技术服务业收入，上海和江苏的增长速度都低于浙江和安徽；尤其是安徽省的增长速度，为 4 个省市中最高，增长势头强劲。2018 年 1～11 月长三角地区软件和信息技术服务业情况如表 10 所示。

表 10　2018 年 1～11 月长三角地区软件和信息技术服务业情况

项目	企业数（家）	软件服务业收入		软件产品收入		信息技术服务收入	
		本期累计（万元）	同比增减（%）	本期累计（万元）	同比增减（%）	本期累计（万元）	同比增减（%）
全　国	39551	560924113	14.7	165570978	11.8	313792509	18.8
上海市	1537	39686303	12.3	13131498	10.0	25634805	15.0
江苏省	7435	88657201	11.6	20907393	10.5	40311033	14.9
浙江省	1865	46220088	19.0	11760392	14.4	29072352	23.2
安徽省	586	3300278	28.0	1263481	16.8	1583097	38.7
长三角	11423	177863870	—	47062764	—	96601287	—
长三角占全国的比重（%）	28.9	31.7	—	28.4	—	30.8	—

资料来源：中国工业和信息化部，http：//www.miit.gov.cn/n11293472/index.html。

四　长三角地区数字经济与产业融合部分发展

据中国信息与通信研究院的研究，2018 年，我国产业数字化规模达到 24.9 万亿元，远超数字产业化规模，对数字经济增长的贡献度高达 86.4%。作为信息产业发达的长三角地区，产业数字化规模占数字经济的比重约为 71.3%。产业数字化在许多领域都有突出表现，如零售、医疗、教育、文旅、交通等都在迅速向数字化、智能化方向发展。

（一）数字产业指数保持领先

数字化技术广泛渗透国民经济，产生了数字经济的“产业融合”，这对促进产业转型升级和国民经济发展具有重要的意义。根据腾讯研究院测算的 2018 年数字产业指数，长三角地区的 4 个省市中，江苏省的数字产业指数最高，排全国的第3位；其次是上海市和浙江省，分别排全国的第4位和第5位；安徽省排全国的第14位。相比于2017年，江苏省在全国的排名没有变化，上海在全国排名上升1个位次，浙江排名下降1个位次，安徽省的进步快速，在全国排名上升4个位次（见表11）。①

表11　长三角地区全国数字产业指数排名变化

省市	排名	排名变化
江苏	3	0
上海	4	+1
浙江	5	-1
安徽	14	+4

资料来源：腾讯研究院：《2019数字中国指数报告》。

具体到城市层面，长三角地区有8个城市排全国数字产业指数前30名。上海居北京之后，排全国第2位；江苏省的苏州、南京和无锡，分别排全国第9位、第16位和第30位；浙江省的杭州、宁波和温州分别居第12位、第22位和第25位；安徽仅有合肥进入前30位，居第23位（见表12）。这些城市的产业数字化融合发展较好，极大地带动了长三角地区产业融合发展水平走在全国前列。但是，不同城市的产业数字化融合发展速度呈现一定差异。从表12中可以看出，苏州和合肥在2018年进步最快，排名均上升4个位次；而杭州的发展步伐则有所减缓，排名下降2个位次。

表12　长三角地区全国数字产业指数排名前30位的城市

城市	省市	排名	排名变化
上海	上海	2	1
苏州	江苏	9	4
杭州	浙江	12	-2
南京	江苏	16	0
宁波	浙江	22	-4

① 资料来源于腾讯研究院《2019数字中国指数报告》。

续表

城市	省市	排名	排名变化
合肥	安徽	23	4
温州	浙江	25	1
无锡	江苏	30	0

资料来源：腾讯研究院：《2019 数字中国指数报告》。

（二）细分产业差异较大

数字技术在不同行业的渗透融合程度并不同，长三角地区细分产业的数字化水平存在较大差异。

首先，长三角地区服务业和工业的数字化水平高于全国。从全国平均水平来看，根据中国信息与通信研究院的研究，2018 年，服务业、工业、农业中数字经济占行业增加值的比重（以下简称“数字经济比重”）分别为 35.9%（不含信息通信服务业、软件和信息技术服务业）、18.3%（不含电子信息制造业）和 7.3%。其中，工业数字化加速增长，农业、服务业数字经济增速则保持稳定。长三角地区的服务业和工业发达，信息技术水平较高，服务业和工业的数字经济比重比全国要高，相应地，农业的数字经济比重则偏低。

其次，长三角内部各地区的产业数字化发展各有所长。在细分行业中，长三角地区的医疗、金融和餐饮分别列全国产业数字化增速的第 1 位、第 2 位和第 3 位。上海已经建成技术领先的健康网和医联网，医疗数据达到 PB 级别，从医院管理到患者就医均能提供信息支持，实现了化验报告查询和 CT、磁共振等图像调阅共享等功能。金融方面，根据浙江大学互联网金融研究院（AIF）的研究，上海与杭州在全球金融科技中心方面分别排名第 5 位、第 6 位，两地引领长三角金融科技发展。餐饮方面，在上海诞生了著名的“大众点评”“饿了么”等数字平台企业，餐饮行业未来将向数字化、智能化方向进一步转型。

作为我国重要的先进制造业基地，长三角工业增加值占全国的1/4以上、机器人产能占1/2、信息服务业占比1/3，集成电路的产业规模占半壁江山，高端装备制造水平在全国领先。[①] 长三角率先推动5G网络的先行先试，加强工业互联网建设。例如，位于安徽合肥的江淮蔚来先进制造基地，260多个机器人参与生产线车身打造，160多个车身扫描点100%在线检测。杭州阿里云等云平台提供集中区域的SaaS服务，宁波等地开展了一系列中小企业行业云汇聚，上海则更多地依托大国企、大平台集中打造长三角一体化的工业互联网平台。[②]

专栏2　长三角“互联网+”工作进行时

目前，长三角地区“互联网+”、互联网与产业融合的工作正在逐步推进。

2017年1月，上海发布了《上海市落实〈国务院关于加快推进“互联网+政务服务”工作的指导意见〉工作方案》，推动先进制造业与“互联网+”“两轮”驱动；同时发布了《上海市工业互联网创新发展应用三年行动计划（2017～2019年）》，指出未来三年，上海将聚焦两化融合基础较好、带动效应较大的电子信息、装备制造与汽车等六类重点产业，抓住制造业与互联网融合关键环节，形成产业发展新动能。

江苏在工作中也紧抓“互联网+”的落实，2018年初，江苏省政府与腾讯公司签订了战略合作协议，双方将围绕智慧城市服务、云计算大数据、创新创业、“互联网+交通”、“互联网+医疗”等重点领域展开合作，加快“智慧江苏”建设。

浙江早在2016年1月就发布了《浙江省“互联网+”行动计划》，力争在智慧物流、云计算、大数据、互联网金融创新和电子政务等领域成为全国“互联网+”先行示范区。在浙江，阿里云预计到2025年将连接2亿台工业设备，服务工业企业30万家。

---

① 《区域一体化催生长三角发展新动能》，《经济参考报》2019年3月27日。

② 《数字智慧长三角正在崛起》，《经济参考报》2018年7月2日。

安徽在2016年5月也发布了《关于加快推进“互联网+”行动计划（2016~2020年）的实施意见》，提出到2020年，互联网将全面融入提升和改造传统产业的各个领域。目前“互联网+”在农业、制造业领域已有诸多应用。

（三）云计算产业增长迅速

云计算的发展，受到了各地政府重视，“企业上云”成为当前产业发展的新热点。2017年，我国工信部发布了《云计算发展三年行动计划（2017~2019年）》，国家对云计划发展的重视和云产业的发展趋势，促使长三角的地方政府也相继出台了相应政策，积极推动企业上云。2017年4月，浙江省发布《浙江省“企业上云”行动计划（2017年）》，率先提出“十万企业上云行动”；此后江苏也加大力度鼓励企业上云，2017年12月发布《加快推进“企业上云”三年行动计划》，计划到2020年底新增上云企业10万家。2018年4月，浙江省进一步发布《深化推进“企业上云”三年行动计划（2018~2020年）》，规划到2020年，全省将实现上云企业达到40万家，打造云应用标杆企业300家。各地政府把推动企业上云作为发展云计算产业、促进企业转型升级的重要步骤。

云计算的发展愈来愈强劲，2018年，长三角工业互联网平台助力百万企业“上云上平台”服务倡议正式启动，提出力争到2020年实现新增“上云上平台”企业百万家，运营成本降低20%以上，生产效率提高20%以上，促进产业链、供应链高效协同和资源配置优化。① 云计算的发展可以用标准化用云量来评估。根据腾讯研究院，在用云量的省级排名中，上海在全国排名第2位，比上年上升1个位次；浙江在全国排名第4位，比上年上升3个位次；江苏在全国排名第6位，比上年上升2个位次；安徽在全国排名第16位，比上年上升4个位次，可见长三角四个省市的云计算产业发展快速，并且在全国名列前茅。

① 《长三角工业互联网集群的建设现状》，新华网，2019年1月7日。

表 13　长三角 4 个省市用云量全国排名

省市	排名	排名变化
上海	2	+1
浙江	4	+3
江苏	6	+2
安徽	16	+4

资料来源：腾讯研究院：《2019 数字中国指数报告》。

从城市的角度看，长三角地区有 8 个城市进入全国用云量前 30 名。首先是上海，在全国排名第 2 位；其次是杭州，在全国排名第 5 位，浙江省也仅此一个城市进入全国前 30 名。而江苏省则有 4 个城市进入前 30 名中，分别是淮安、苏州、南京和无锡。其中淮安的进步特别大，比上年上升 112 个位次名；而苏州、南京和无锡三个城市的排名都有所下降，分别下降 3 个、4 个和 7 个位次，由此也导致江苏省在全国的排名仅居第 6 位，位于上海和浙江之后。安徽省合肥、芜湖两市在全国排名分别为第 27 位、第 30 位。

从表 14 可以看出，江苏的淮安市和安徽的芜湖市排名大幅上升。淮安拥有全国首个公路云计算数据中心，积极加快上云步伐，鼓励企业加快向云计算转型。安徽的芜湖拥有省政务云计算中心，积极推进云计算发展，建设云计算和大数据产业园，并且和中国电信集团合作设立了安徽规模最大、标准最高的云计算中心，有序推动云计算行业的发展。

表 14　用云量全国排名前 30 的长三角城市

城市	省市	排名	排名变化
上海	上海	2	0
杭州	浙江	5	4
淮安	江苏	13	112
苏州	江苏	17	-3
南京	江苏	22	-4
无锡	江苏	26	-7
合肥	安徽	27	1
芜湖	安徽	30	30

资料来源：腾讯研究院：《2019 数字中国指数报告》。

（四）大数据产业发展突出

大数据是数字经济发展的引擎，大数据的应用关系到地方数字经济的发展水平，因而也格外受到重视。2018 年，上海的《上海市公共数据和一网通办管理办法》，江苏的《常州市大数据发展三年行动计划（2018 ~ 2020 年）》《关于加强常熟智慧城市（大数据）建设的实施方案》《扬州市大数据资源整合共享开放工作实施方案》等，安徽的《合肥市大数据企业认定管理办法》《巢湖市政务数据资源共享开放管理暂行办法》《铜陵市促进大数据产业发展若干政策》等，促进了大数据产业的蓬勃发展。

为客观测量各地大数据发展水平，中国电子信息产业发展研究院研发了“大数据发展指数”，图 5 是 2016 年和 2017 年长三角地区大数据发展指数，可以看出，2016 年和 2017 年江苏分别以 51. 68 和 60. 72 列地区榜首、全国第 2 位；紧随其后的是浙江和上海，2017 年分别以 51. 94 和 51. 87 列全国第 4 位和第 5 位；安徽则以 28. 85 列全国第 18 位，大数据产业集聚发展效应明显。

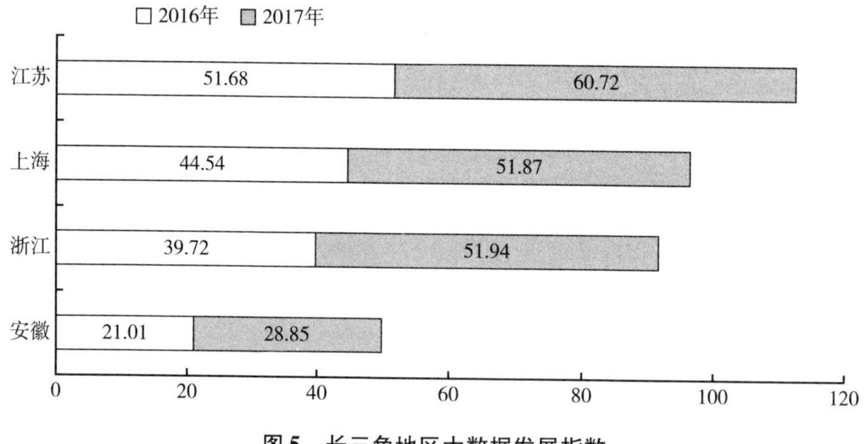

图 5　长三角地区大数据发展指数

资料来源：中国电子信息产业发展研究院：《中国大数据产业发展评估报告（2018 年）》。

五　2018年长三角地区数字经济发展展望

为促进长三角的数字经济和区域一体化协调发展，长三角联合制定了《长三角地区一体化发展三年行动计划（2018～2020年）》，聚力建设现代化经济体系，大力发展物联网、大数据、人工智能、5G、集成电路等核心产业，以此打造覆盖长三角全境的数字经济产业集群，助推长三角地区高质量发展。随着世界范围内数字经济的蓬勃发展，在相关规划的指导下，2019年长三角地区的数字经济也将呈现新的发展态势。

（一）长三角地区数字经济进一步深入发展

长三角地区的信息产业基础良好、经济发展水平较高。2018年，长三角地区数字经济规模达到8.63万亿元，相比之下，珠三角地区的数字经济规模只有4.31万亿元，另外，京津冀地区和我国西北地区的数字经济规模则更小。长三角地区对数字经济的发展非常重视，政策扶持力度不断加大，各地政府相继出台了鼓励软件业、集成电路、大数据等发展的若干政策，推出大力发展数字经济的行动方案，数字经济呈现蓬勃发展的局面。考虑到长三角地区有着庞大的人口基数、丰富的资本和劳动力，随着数字技术的深入应用，未来长三角地区的数字经济将更深入、更高水平的发展；随着各地的数字经济在重大项目、重点园区、骨干企业和优势产品方面取得成效，数字产业规模继续扩张，产业进一步集聚化发展、重点企业实力稳步提升。同时随着数字技术应用水平越来越高，数字产业与传统产业的融合也将越来越深入，并且将会出现更多新的业态，对经济和消费的拉动作用也越来越大，对国民经济的贡献将进一步凸显。

（二）数字经济将进一步推动长三角一体化进程

在过去，由于交通不够便利、信息不能共享以及行政体制等方面的原因，长三角一体化进程受到很多阻碍。近年来，数字技术的深入应用，有效加快了长三角一体化的进程。例如，2018 年 12 月 1 日，上海、杭州、宁波三地地铁实现全国首个区域地铁扫码互通，极大地便利了人们的出行。在过去的两年里，在数字经济发展的背景下，长三角各地对一体化的许多方面都达成了一致协议，长三角各地之间形成了《5G 先试先用推动长三角数字经济发展战略合作框架协议》《长三角地区推进“人工智能 + 法院”深度战略合作框架协议》《长三角地区推进“互联网 +”医联体合作框架协议》《长三角地区推进工业互联网平台集群联动战略合作框架协议》等一系列框架协议，这些协议利用大数据、物联网、5G 等数字技术，从工业、医疗、法务等方面推进长三角一体化的进程。新一轮的长三角一体化发展，必须借助数字经济的发展优势，充分注重发挥数字技术的先导作用和带动作用，加速推进长三角地区公共服务的一体化，打破数字壁垒，促进互联互通，推进长三角一体化进程。

（三）长三角将初步形成数字经济产业集群

根据《长三角地区一体化发展三年行动计划（2018～2020 年）》等指导性文件，长三角地区将聚力建设现代化经济体系，大力发展数字经济核心产业，具体包括：推动物联网、下一代互联网、5G 等新一代信息基础设施建设；在区域内搭建工业互联网平台和各类服务子平台，开展企业“上云入网”；推动标识解析国家节点建设，聚焦长三角区域电子信息、装备制造、生物医药等重点产业进行试点和推广等。[①] 目前，三省一市正在积极谋划制定 5G 先试先用行动，在长三角率先布局 5G 网络建设，开展综合应用示范。未来长三角各地还将联合制定出台相应的产业政策和推进措施，进一步完善信息基础设施的联接联通，加快公共数据的开发利用，支持多领域数据的开发共享，增进各地产业与经济生活方面的应用合作。2019 年是关键的一年，随着数字经济的深化发展，很多工作将得以推进，

---

① 《长三角打造数字经济产业集群 重点发展物联网、大数据、人工智能、集成电路等核心产业》，《经济参考报》2018 年 7 月 5 日。

以此推动覆盖长三角的、具有世界竞争力的数字经济产业集群的进一步形成。

（四）长三角地区数字经济政策环境将进一步优化

继2016年、2017年长三角各省市出台支持数字经济发展的政策之外，2018年长三角各地又陆续出台了许多政策，进一步推动数字经济的发展。例如，上海的《关于本市推动新一代人工智能发展的实施意见》，江苏的《关于进一步加快智能制造发展的意见》《江苏省机器人产业发展三年行动计划（2018～2020年）》，浙江的《关于进一步加快软件和信息服务业发展的实施意见》《关于加快发展工业互联网促进制造业高质量发展的实施意见》，安徽的《支持数字经济发展若干政策》《支持机器人产业发展若干政策实施细则》等，从不同方面支持人工智能、机器人等数字产业的发展。进入2019年，随着我国数字经济的政策框架体系基本形成，各地也在密集谋划数字经济新一轮的布局，加快完善数字经济的政策体系，以及云计算、大数据、人工智能等产业的相关发展政策。长三角地区的许多政府机构、部门也在不同时间表达了积极发展数字经济的意愿。相信未来随着数字技术的进一步应用及其与产业融合的进一步加深，长三角地区的数字经济发展也将会拥有更好的政策环境。

专栏3　2019年长三角地区如何推动数字经济发展①

上海：加快智慧城市建设深入实施智能网联

加快智慧城市建设。打造智能化信息基础设施体系，大力推进5G网络、新型城域物联专网等建设。积极培育人工智能创新产品和服务，加强人工智能在教育、医疗卫生、养老、助残、交通、生态等领域的应用。加强关键设施网络安全防护，严格落实防护责任。深入实施智能网联汽车等一批产业创新工程，推动中芯国际、和辉二期等重大产业项目加快量产，实现集成

① 《深度：2019年全国各省如何推动数字经济发展》，《人民邮电报》2019年3月8日。

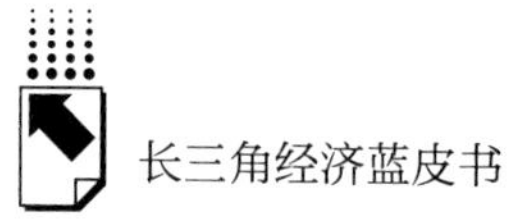

电路14纳米生产工艺量产，推进昊海生物、ABB机器人、盛美半导体等项目开工建设。支持企业加快技术改造和设备更新，实施改造示范项目200项。淘汰落后产能1000项。

江苏：实现“江苏制造”向“江苏智造”转变

大力发展工业互联网，组织实施重点平台建设工程和“企业上云”计划，创建一批示范智能车间和智能工厂，培育一批智能制造系统集成服务商，实施一批技术改造项目，促进产业转型升级，实现“江苏制造”向“江苏智造”转变。深入实施生产性服务业“双百”工程和互联网平台经济“百千万”工程，提升生产性服务业要素集聚能力。密切跟踪国际产业发展新趋势，聚焦数字经济、物联网、集成电路、生物医药、人工智能、共享经济等领域，实施一批重点项目，推动战略性新兴产业发展。

浙江：全面实施数字经济五年倍增计划

坚持数字产业化、产业数字化，全面实施数字经济五年倍增计划，深入推进云上浙江、数字强省建设。支持杭州打造全国数字经济第一城、乌镇创建国家互联网创新发展综合试验区。培育发展数字安防、新能源汽车、绿色石化、现代纺织等一批先进制造业集群，争创人工智能、生物医药、航空航天、集成电路、新材料等产业新优势。联动推进制造强省和网络强省建设。率先开展5G商用，推广应用城市大脑和电子发票，加快建设移动支付之省，争创国家数字经济示范省。设立100亿元数字经济产业基金。重点打造100个“无人车间”“无人工厂”，扶持100家骨干数字企业，推进100个数字化重大项目，实施100个园区数字化改造，力争数字经济核心产业增加值增长15%以上。

安徽：加快“数字江淮”中心建设

加快发展人工智能产业和数字经济。加快“数字江淮”中心建设，完善基础数据统一、资源共享开放的平台功能。建设超级计算中心。扩大4G网络覆盖面，加快5G商用步伐。打牢资源型数字经济基础，推动大数据产业集聚发展，支持云计算大数据生产应用中心、大数据存储基地建设，提升技术型数字经济水平，开展“建芯固屏强终端”行动，加快智能机器人研发、智能终端创新。推进“中国声谷”规模化、市场化、产业化发展，打造世界级人工智能及智能语音产业集群。拓展融合型数字经济领域，打造一批工业互联网平台，实现5000家企业与云资源深度对接。

参考文献

[1]《江苏省数字经济规模达2.39万亿，位居全国第二》，《新华日报》2018年12月19日。

[2]《加快发展江苏数字经济》，《新华日报》2018年8月14日。

[3]《长三角打造数字经济产业集群 重点发展物联网、大数据、人工智能、集成电路等核心产业》，《经济参考报》2018年7月5日。

[4]《深度：2019年全国各省如何推动数字经济发展》，《人民邮电报》2019年3月8日。

[5]《长三角工业互联网集群的建设现状》，新华网，2019年1月7日。

[6] 腾讯研究院：《2019数字中国指数报告》，2019。

[7] 中国信息通信研究院：《中国数字经济发展与就业白皮书（2019年）》，2019。

[8] 中国互联网络信息中心：《中国互联网络发展状况统计报告（2019年）》，2019。

[9] 中国电子信息产业发展研究院：《中国大数据产业发展评估报告（2018年）》，2018。

B.8
2018～2019年长三角地区金融业发展报告

张　彦*

摘　要： 2018 年长三角金融业发展水平小幅上升，社会融资规模平稳增长，保险发展水平小幅降低。银行存款余额增速有所回升，贷款余额实现较快增长；上市公司与证券机构数量增加，证券融资额和交易额占全国较大比重；保险业务增速较快。展望 2019 年，长三角金融业将通过调整业务结构和资产结构，扩大对外开放，加强科技应用，推进市场创新，化解金融风险，推进金融业平稳健康发展。

关键词： 金融业　金融风险　长三角地区

2018 年，中国人民银行实施稳健的货币政策，为供给侧结构性改革和高质量发展营造适宜的货币金融环境。普惠金融得到大力发展，金融服务实体经济力度增强，同时，金融体系结构性去杠杆稳步推进，表外融资明显收缩，金融机构经营总体稳健。长三角地区金融业积极顺应国家政策要求，加快改革和创新步伐，整体实现了平稳发展。

* 张彦，上海社会科学院应用经济研究所助理研究员，研究方向为区域金融。

一　2018年长三角地区金融业发展总体情况

（一）金融业发展水平稳步提高

2018 年长三角金融业发展水平[①]小幅上升，从上年的 3.5% 提升至 3.6%，增加了 0.1 个百分点。2018 年长三角金融业发展水平与全国基本一致。分省市来看，2018 年上海的金融业发展水平最高，为 5.9%；安徽的金融发展水平相对较低，为 3%。从 2014 年到 2018 年，长三角金融发展水平从 3.3% 提升至 3.6%，增加了 0.3 个百分点；同期，全国从 3.2% 增加至 3.6%，增加了 0.4 个百分点。比较 2014～2018 年各省市金融发展水平的变化，上海的增幅最大，从 5.2% 升至 5.9%，增加了 0.7 个百分点；江苏和浙江都增加了 0.2 个百分点；安徽的增幅居中，从 2.5% 升至 3.0%，增加了 0.5 个百分点（见表 1）。

表 1　长三角金融发展水平

单位：%

地区	2014 年	2015 年	2016 年	2017 年	2018 年
上海	5.2	6.3	6.2	6.0	5.9
江苏	2.6	2.8	2.9	2.7	2.8
浙江	3.8	3.9	3.9	3.8	4.0
安徽	2.5	2.8	3.0	2.9	3.0
长三角	3.3	3.6	3.7	3.5	3.6
全国	3.2	3.5	3.6	3.6	3.6

资料来源：各省市 2014～2018 年国民经济与社会发展统计公报。

（二）社会融资规模平稳增长

2018 年长三角社会融资规模增加 48345 亿元，占全国社会融资增量的 26.3%，较上年增长 2.1%，比全国增幅低 0.3 个百分点。其中，人民币贷

① 金融机构各项存贷款之和与 GDP 之比。

款增加39565亿元，同比增长25.2%；企业债券增加6090亿元，同比大幅增长69.8%；股票融资增加1089亿元，同比大幅下降67.3%。分地区来看，各省市的融资增加额从高到低分别是浙江、江苏、上海、安徽；融资增加额的同比增幅浙江最大（46.3%），上海降幅最大（-50.9%）。分类别看，浙江的人民币贷款增幅最大，同比增长77.7%；上海企业债券同比增幅最大，为388.2%；江苏股票融资的降幅最小，为38%（见表2）。

表2 2018年长三角各省市社会融资规模增量

单位：亿元，%

项目	融资增加额	同比增长	其中：人民币贷款	同比增长	企业债券	同比增长	股票融资	同比增长
上海	5765	-50.9	6181	-18.7	1716	388.2	186	-83.7
江苏	17699	16.1	13574	23.4	2382	22.4	472	-38.0
浙江	19499	46.3	15490	77.7	1544	69.6	384	-67.1
安徽	5382	-23.5	4320	0.8	448	18.3	47	-82.1
长三角	48345	2.1	39565	25.2	6090	69.8	1089	-67.3
全国	183545	2.4	144539	14.3	23899	501.6	3606	-60.5
长三角占的全国比重	26.3	-0.1	27.4	—	25.5	—	30.2	—

资料来源：2017年和2018年各省市金融运行报告。

（三）保险业发展水平小幅下降

2018年，长三角地区保险密度为3641元/人，较上年下降67元/人，较2016年上升542/人；保险深度为3.9%，较上年下降0.3个百分点，较2016年下降0.1个百分点。2018年长三角地区保险密度比全国高917元/人；保险深度比全国低0.3个百分点。分省市来看，2018年上海的保险密度和保险深度最高，分别为5800元/人和4.3%，分别比长三角平均水平高2159元/人和0.4%；安徽保险密度最低，分别为1913元/人，较长三角平均水平低1728元/人；江苏的保险深度最低，为3.6%，较长三角平均水平低0.3个百分点（见表3）。

表 3　长三角地区保险业发展水平

单位：%，元/人

地区	保险深度			保险密度		
	2016 年	2017 年	2018 年	2016 年	2017 年	2018 年
上　海	5.6	5.3	4.3	6320	6563	5800
江　苏	3.5	4.0	3.6	3363	4296	4120
浙　江	3.8	4.1	4.0	3193	3795	3962
安　徽	3.6	4.0	4.0	1414	1770	1913
长三角	4.0	4.2	3.9	3099	3708	3641
全　国	4.2	4.4	4.2	2239	2632	2724

资料来源：各省市 2014～2018 年国民经济与社会发展统计公报。

二　2018年长三角地区金融各行业发展情况

（一）银行业

1. 各项存款规模增速有所回升

2018 年长三角地区金融机构各项存款余额继续保持平稳增长态势，为 43.3 万亿元，同比增长 8.1%；金融机构各项存款增长速度较上年有所回升，但是低于 2016 年增速 2.7 个百分点；金融机构各项存款同比增速高于全国 0.3 个百分点；金融机构各项存款余额占全国的比重为 23.7%，比 2016 年低 0.5 个百分点。

分省市来看，2018 年江苏省存款规模最大，金融机构各项存款余额 14.4 万亿元，占长三角的比重为 33.3%；上海市存款规模仅次于江苏省，金融机构各项存款余额 12.1 万亿元，占长三角的比重为 27.9%；浙江省存款规模位居第三，金融机构各项存款余额 11.7 亿元，占长三角的比重为 27%；安徽省存款规模最小，金融机构各项存款余额 5.1 万亿元，占长三角的比重为 11.8%。安徽的金融机构各项存款增速最快，同比增长 10.9%；其次是浙江，同比增长 8.6%；随后是上海和江苏，同比分别增长 7.7% 和 7.0%（见表 4）。

表 4　长三角地区金融机构各项存款

单位：万亿元，%

项目	余额			同比增长		
	2016 年	2017 年	2018 年	2016 年	2017 年	2018 年
上海	11.1	11.2	12.1	6.5	1.8	7.7
江苏	12.6	13.5	14.4	12.8	7.3	7.0
浙江	10.0	10.7	11.7	10.2	7.8	8.6
安徽	4.1	4.6	5.1	18.7	11.7	10.9
长三角	37.7	40.1	43.3	10.8	6.3	8.1
全国	155.5	169.3	182.5	11.3	8.8	7.8
长三角占全国的比重	24.2	23.7	23.7	—	—	—

资料来源：全国和长三角各省市中国人民银行网站。

2018 年，长三角地区金融机构各项存款余额中，住户存款占比为 34.5%；非金融企业存款占比为 37.4%，广义政府存款和非银行业金融机构存款占比分别为 13.1% 和 6.5%。与全国相比，长三角地区非金融企业存款占比较高，较全国高出 5.1 个百分点；住户存款占比比全国低 5.2 百分点。分省市看，非金融企业存款占比从高到低分别是上海、江苏、浙江、安徽，住户存款占比从高到低分别是安徽、浙江、江苏、上海，广义政府存款占比从高到低分别是江苏、安徽和上海，非银行业金融机构存款占比从高到低分别是上海、江苏和安徽（见表 5）。

表 5　2018 年长三角地区金融机构各项存款余额结构

单位：%

地区	住户存款	非金融企业存款	广义政府存款	非银行业金融机构存款
上海	23.6	44.3	13.1	14.1
江苏	35.6	37.1	21.0	6.0
浙江	39.9	33.9	—	—
安徽	45.1	29.9	20.5	4.4
长三角	34.5	37.4	13.1	6.5
全国	39.7	32.3	17.9	8.9

资料来源：各省市 2014～2018 年国民经济与社会发展统计公报。

2. 各项贷款规模实现较快增长

2018 年长三角地区金融机构各项贷款余额继续呈现较快增长的态势，

合计为33.6万亿元，同比增长13.4%；金融机构各项贷款增长速度比上年上升1.7个百分点，比2016年提高1.4个百分点。2018年长三角地区金融机构各项贷款同比增速比全国高0.5个百分点，金融机构各项贷款余额占全国的比重为23.7%，与2016年基本持平。

分省市来看，江苏省金融机构贷款规模最大，2018年金融机构各项贷款余额11.8万亿元，占长三角的比重为35%；浙江省贷款规模仅次于江苏省，金融机构各项贷款余额10.6万亿元，占长三角的比重为31.5%；上海市贷款规模位居第三，金融机构各项贷款余额7.3万亿元，占长三角的比重为21.7%；安徽省贷款模最小，金融机构各项贷款余额3.9亿元，占长三角的比重为11.6%。从增速来看，浙江金融机构各项贷款余额的增长速度最快，同比增长17.2%；其次是江苏，金融机构各项贷款余额同比增长13.3%；再次是安徽，金融机构各项贷款余额同比增长12.2%；上海增速最低，金融机构各项贷款余额同比增长9.1%（见表6）。

表6　长三角地区金融机构各项贷款

单位：万亿元，%

项目	余额			同比增长		
	2016年	2017年	2018年	2016年	2017年	2018年
上海	6.0	6.7	7.3	12.4	12.0	9.1
江苏	9.3	10.4	11.8	14.5	11.9	13.3
浙江	8.2	9.0	10.6	7.0	10.3	17.2
安徽	3.1	3.5	3.9	17.7	14.3	12.2
长三角	26.6	29.7	33.6	12.0	11.7	13.4
全国	112.1	125.6	141.8	12.8	12.1	12.9
长三角占全国的比重	23.7	23.6	23.7	—	—	—

资料来源：各省市2014~2018年国民经济与社会发展统计公报。

2018年，长三角地区金融机构各项贷款余额中，住户贷款占比为35.5%，比全国高1.7个百分点；非金融企业及机关团体贷款占比为62.8%，与全国比重持平。分省市看，住户贷款占比从大到小依次是浙江、安徽、江苏、上海；非金融企业及机关团体贷款占比从大到小依次是江苏、上海、安徽、浙江（见表7）。

表 7　2018 年长三角地区金融机构各项贷款余额结构

单位：%

地　区	住户贷款	非金融企业及机关团体贷款	非银行业金融机构贷款
上　海	30.4	63.7	0.5
江　苏	33.1	66.6	
浙　江	40.2	59.3	
安　徽	39.8	59.5	
长三角	35.5	62.8	0.1
全　国	33.8	62.8	0.8

资料来源：各省市 2014～2018 年国民经济与社会发展统计公报。

（二）证券业

1. 上市公司与证券机构数量增加

截至 2018 年末，长三角各省市在上交所上市公司总数为 625 家，占上交所上市公司总量的 43.1%。其中，仅发 A 股、发 A（B）股和 H 股、发 A 股和 B 股、仅发 B 股的上市公司数量分别为 560 家、24 家、37 家和 4 家。上海在上交所的上市公司数量最多，为 214 家；其次是浙江省，为 190 家；再次是江苏，为 174 家；安徽省的上市公司数量最少，为 47 家。仅发 A 股的上市公司数量是浙江最多，为 189 家；发行 A（B）股和 H 股、发 A 股和 B 股、仅发 B 股的上市公司数量都是上海最多，分别为 16 家、35 家和 4 家（见表 8）。

表 8　2018 年长三角地区在上交所的上市公司

单位：家，%

项　目	仅发 A 股	A(B)股和 H 股	A 股和 B 股	仅发 B 股	合计
上　海	159	16	35	4	214
江　苏	169	5			174
浙　江	189		1		190
安　徽	43	3	1		47
长三角	560	24	37	4	625
全　国	1310	90	44	6	1450
占　比	42.7	26.7	84.1	66.7	43.1

资料来源：《上海证券交易所统计月报》，2018 年 12 月。

2018 年末，长三角三省一市在上海证券交易所共有会员 28 个、营业部 3190 个、席位数 7823 个，分别占全国的 23.9%、27.8% 和 39.0%。其中，上海、江苏、浙江和安徽的会员分别有 17 个、6 个、3 个、2 个，营业部分别有 825 个、986 个、1045 个、334 个，席位数分别有 5470 个、1561 个、637 个和 155 个（见表 9）。

表 9　2018 年上海证券交易所会员、营业部在长三角地区的分布

单位：个，%

项目	会员	营业部	席位		
			A 股席位	B 股席位	合计
上海	17	825	5426	44	5470
江苏	6	986	1554	7	1561
浙江	3	1045	630	7	637
安徽	2	334	149	6	155
长三角	28	3190	7759	64	7823
全国	117	11468	19879	191	20070
长三角占全国的比重	23.9	27.8	39.0	33.5	39.0

资料来源：《上海证券交易所统计月报》，2018 年 12 月。

2. 证券融资额约占全国1/4强

2018 年，长三角三省一市共计 131 家上市公司在深圳证券交易所总集资 912.9 亿元，占全国在深交所集资额的 23.1%。其中，主板增发集资额 251.4 亿元，占全国的 19.9%。中小板集资额 504 亿元，占全国的 30.6%。其中，首发集资额 16.8 亿元，占全国的 7.4%；增发集资额 487.2 亿元，占全国的 34.3%。创业板集资额 157.6 亿元，占全国的 16.4%。其中，首发集资额 35.8 亿元，占全国的比重为 12.5%；增发集资额 121.7 亿元，占全国的 18.1%（见表 10）。

2018 年江苏在深圳证券交易所集资额最多，为 397.7 亿元，占全国的比重为 10.1%；其次是浙江，为 384 亿元，占全国的比重 9.7%；再次是安徽，为 119.5 亿元，占全国的比重为 3%；最后是上海，为 11.8 亿元，占全国的比重为 0.3%。

表 10　2018 年长三角在深圳证券市场股票集资（增发）情况

单位：亿元，%

项目	总计		主板	中小板			创业板		
	只数	集资总额	增发集资额	首次发行集资额	增发集资额	合计	首次发行集资额	增发集资额	合计
上海	18.0	11.8	0.0	0.0	5.8	5.8	0.0	6.0	6.0
江苏	55.0	397.7	160.3	0.0	162.0	162.0	30.5	45.0	75.5
浙江	49.0	384.0	6.3	16.8	285.2	302.0	5.4	70.2	75.6
安徽	9.0	119.5	84.8	0.0	34.2	34.2	0.0	0.5	0.5
长三角	131.0	912.9	251.4	16.8	487.2	504.0	35.8	121.7	157.6
深交所	460.0	3945.4	1261.0	226.3	1419.5	1645.9	286.9	671.8	958.7
长三角占比	28.5	23.1	19.9	7.4	34.3	30.6	12.5	18.1	16.4

资料来源：2018 年 12 月《深圳证券交易所统计月报》。

3. 证券交易额占有全国较大比重

2018 年长三角三省一市在深圳证券交易所的总交易额 50.6 万亿元，占全国的比重为 34.4%。其中，股票交易额 35.6 万亿元，占全国的比重为 35.6%；基金交易额 2.2 万亿元，占全国的比重为 35.4%；债券交易额 12.7 亿元，占全国的比重为 31.1%。上海作为我国重要的金融中心之一，证券交易规模明显高于其他省市，2018 年上海在深圳证券交易所的总交易额为 22.5 万亿元，占深交所交易总额的 15.3%。其中，股票交易额 13.6 万亿元，占 13.6%；基金交易额 0.9 万亿元，占 14.5%；债券交易额 7.9 万亿元，占 19.3%。浙江省和江苏省的证券交易具有一定的规模，两省占深交所的交易总额的比重分别为 9.3% 和 8.2%。安徽省的证券交易规模相对较小，仅占深交所交易总额的 1.6%（见表 11）。

表 11　2018 年长三角在深圳证券交易所交易情况

单位：万亿元，%

项目	总交易额	市场占比	股票交易额	基金交易额	债券交易额
上海	22.5	15.3	13.6	0.9	7.9
江苏	12.1	8.2	8.6	0.8	2.7
浙江	13.6	9.3	11.5	0.5	1.6

续表

项目	总交易额	市场占比	股票交易额	基金交易额	债券交易额
安徽	2.4	1.6	1.8	0.1	0.5
长三角	50.6	34.4	35.6	2.2	12.7
深交所	147.1	100.0	100.0	6.2	41.0
长三角占比	34.4	34.4	35.6	35.4	31.1

资料来源：各省市2014～2018年国民经济与社会发展统计公报。

（三）保险业

1. 保费收入较快增长

2018年长三角地区保险业保费收入增幅显著下滑，2018年保费收入8205.8亿元，同比下降1.1%，增速比上年大幅下滑21.5个百分点。2018年长三角地区保费收入占全国的比重为21.6%，较上年降低1.1个百分点。和全国保险业增速相比，长三角地区的保费收入增长速度偏低，2018年保费收入增速比全国低4.9个百分点。分省市来看，2018年江苏省的保费收入规模最大，接下来依次是浙江、上海、安徽；2018年安徽的保费收入增速最快，同比增长9.3%，其次是浙江，同比增长5.9%，江苏和上海保费收入同比均下降，分别是-3.8%和-11.4%（见表12）。

表12　长三角地区保费收入

单位：亿元，%

项目	保费收入			同比增长		
	2016年	2017年	2018年	2016年	2017年	2018年
上海	1529.3	1587.1	1405.8	35.9	3.8	-11.4
江苏	2690.2	3449.5	3317.3	35.2	28.2	-3.8
浙江	1785.0	2147.0	2273.0	24.4	20.3	5.9
安徽	876.1	1107.2	1209.7	25.4	26.4	9.3
长三角	6880.6	8290.8	8205.8	31.1	20.5	-1.0
全国	30959.0	36581.0	38016.6	27.5	18.2	3.9
长三角占全国的比重	22.2	22.7	21.6	—	—	—

资料来源：各省市2014～2018年国民经济与社会发展统计公报。

2018 年长三角保费收入中，财产险收入 2676.7 亿元，同比增长 10.4%，占保费收入的比重为 32.6%；人身险收入 5529.1 亿元，同比下降 5.8%，占保费收入的比重为 67.4%。与全国相比，财产险占比高 4.3 个百分点，人身险占比低 4.3 个百分点。分省市看，江苏省的人身险收入占比最高，为 74.1%；浙江省的财产险收入占比最高，为 36.4%。从同比增速来看，上海的财产险收入增速最高，达 20.6%，江苏省的财产险收入增速最低，为 5.5%；安徽省的人身险收入增速最高，为 8.1%，上海市的人身险收入增速最低，为 -25.4%（见表 13）。

表 13　2018 年长三角地区保费收入结构

单位：亿元，%

地　区	财产险			人身险		
	金额	同比增长	占比	金额	同比增长	占比
上　海	582.1	20.6	41.4	823.7	-25.4	58.6
江　苏	858.8	5.5	25.9	2458.5	-6.7	74.1
浙　江	827.0	8.7	36.4	1446.0	4.3	63.6
安　徽	408.8	11.6	33.8	800.9	8.1	66.2
长三角	2676.7	10.4	32.6	5529.1	-5.8	67.4
全　国	10770.1	9.5	28.3	27246.5	1.9	71.7

资料来源：各省市 2014～2018 年国民经济与社会发展统计公报。

2. 保费支出规模扩大，增速明显提高

2018 年长三角地区保费支出 2759.5 亿元，同比增长 6.8%，增速比 2016 年下降 12.4 个百分点。2018 年长三角保费支出同比增速比全国低 3.2 个百分点，保费支出占全国的比重为 22.4%，比上年降低 0.7 个百分点。分省市看，2018 年保费支出规模从大到小依次是江苏、浙江、上海、安徽；增速从高到低依次为浙江、上海、安徽、江苏（见表 14）。

2018 年长三角地区保费支出中，财产险保费支出和人身险保费支出分别为 1496.9 亿元和 1262.6 亿元，占保费支出的比重分别为 54.2% 和 45.8%，同比分别增长 14.5% 和 -1.1%，分别比全国慢 1.4 个百分点和慢

6.1 个百分点。分省市看，财产险的支出规模从大到小依次为江苏、浙江、上海、安徽；同比增速从高到低依次为安徽、上海、浙江、江苏。人身险的规模从大到小依次为江苏、上海、浙江、安徽；同比增速从高到低依次为浙江、上海、安徽、江苏（见表 15）。

表 14　长三角地区保费支出

单位：亿元，%

项目	保费支出额			同比增长		
	2016 年	2017 年	2018 年	2016 年	2017 年	2018 年
上海	528.8	548.9	581.6	11.7	3.8	5.9
江苏	915.1	983.6	996.7	24.9	7.5	1.3
浙江	633.0	653.0	762.0	13.2	3.2	16.7
安徽	357.5	397.7	419.2	29.1	11.2	5.4
长三角	2434.4	2583.2	2759.5	19.2	6.1	6.8
全国	10513.0	11181.0	12297.9	21.2	6.4	10.0
长三角占全国的比重	23.2	23.1	22.4	—	—	—

资料来源：各省市 2014～2018 年国民经济与社会发展统计公报。

表 15　2018 年长三角地区保费支出结构

单位：亿元，%

地区	财产险			人身险		
	金额	同比增长	占比	金额	同比增长	占比
上海	271.6	16.2	46.7	309.9	-1.6	53.3
江苏	512.5	12.5	51.4	484.2	-8.3	48.6
浙江	490.0	13.7	64.3	272.0	22.0	35.7
安徽	222.8	19.1	53.1	196.5	-6.7	46.9
长三角	1496.9	14.5	54.2	1262.6	-1.1	45.8
全国	5897.3	15.9	48.0	6400.6	5.0	52.0

资料来源：各省市 2014～2018 年国民经济与社会发展统计公报。

三　2019年长三角金融业发展展望

2019 年长三角金融发展将面临更为复杂的内外部环境。从国际环境看，世界经济复苏态势放缓，主要发达经济体货币政策存在不确定性，贸易摩擦给未来出口形势带来较大不确定性；从国内环境看，我国经济已由高速增长阶段转向高质量发展阶段，供给侧结构性改革仍处于新旧动能转换阶段，传统产业转型难度较大，大部分新业态和新动能尚难发挥主导作用，投资需求仍显不足，消费增长相对乏力，经济内生增长动力有待进一步增强。

面对国内外经济形势的变化，2019 年，长三角金融业将紧紧围绕服务实体经济、深化金融改革、防控金融风险三项任务，深化金融供给侧结构性改革，调整优化金融体系结构，不断改进金融服务，促进社会融资规模增速与国内生产总值名义增速相匹配，平衡好促发展与防风险之间的关系，切实防范化解重点领域金融风险，助推经济结构转型升级和经济的高质量发展。

（一）银行业：支持实体经济、防范金融风险

1. 积极调整信贷结构，更好地服务经济转型升级的需要

一是积极推动金融改革创新。2019 年长三角银行业应围绕《中国制造 2025》中的重点任务提高金融服务水平，加大力度支持关键性技术开发和科研成果转化应用，切实加强对企业技术改造中长期信贷支持，积极运用信贷、租赁等各类金融工具，支持高新装备领域突破发展和扩大应用。二是促进消费金融发展。长三角银行业将进一步拓展消费金融业务，积极满足居民在大众耐用消费品、新型消费品，以及教育、旅游等服务领域的合理融资需求。积极创新有利于医疗、养老、休闲、教育、文化、体育等领域企业发展的金融产品，探索股权、收益权、应收账款以及其他合规财产权利质押融资，以激发社会领域投资动力。三是发展普惠金融，加大民营经济和中小企业的支持力度。提升对民营企业的金融服务水平，着力加强对民营和小微企业等经济薄弱环节和重点领域的金融支持，进一步提高金融服务实体经济的能力和效率。积极运用现代信息技术发展普惠金融，包括互联网支付、网络借贷、数字保险等创新产品和服务，以提升普惠金融服务效率。

2. 积极拓展资管和理财业务

银行资管业务经历了 2013 ~ 2017 年的大发展，2018 年银行资管业务明

显降速，总规模有所下降。2018 年 4 月 27 日，中国人民银行发布《关于规范金融机构资产管理业务的指导意见》（以下称“资管新规”）。资管新规对非标债权投资、产品净值化管理、消除多层嵌套、统一杠杆水平、合理设置过渡期等条款进行修订。在资管新规的要求下，各类资管机构将会基于各自禀赋，呈现差异化的竞争态势。2019 年银行理财的通道业务规模将继续下降，银行理财将借助渠道优势和固收类产品的投资优势，在固收类产品上取得优势，银行理财的现金管理和债券类净值化产品可能会迎来快速增长的一年。银行理财业务可能以理财子公司的组织形式开展，理财业务将由专业机构负责，有助于提升业务运营的专业化水平和效率。

3. 着力打好金融风险防控攻坚战

根据中国工商银行按区域划分的不良贷款结构，2018 年长三角地区的不良率为0. 86%，比东北地区的不良率低2. 46 个百分点，较2017 年不良率降低0. 22 个百分点。尽管指标有所改善，但在未来宏观经济进一步降速的条件下，存量、增量不良资产的处置压力还是很大。2019 年，互联网金融、房地产泡沫、地方政府债务等成为金融风险防控重点领域，银行业保持资产质量稳定的压力较大。长三角银行业需要进一步提升风险防范意识和能力，防控多领域交叉风险的发生和传染。将更严格实施全面风险管理，在贷前调查、贷中审查及贷后管理等环节健全制度，优化流程，提升效能。加大不良资产处置力度，综合运用现金清收、重组重整、资产证券化等手段处置问题资产。同时完善风险监测预警系统，结合人工智能、大数据等科技手段对金融风险进行预警和监测，促进金融风险的防范与化解。

（二）证券业：推进市场创新、扩大对外开放

1. 证券机构的分化进一步显现

在近年来证券业的快速发展过程中，券商多以壮大规模为主要目标，综合化发展的特征较为明显，造成了同质化竞争的格局。未来，随着市场竞争的进一步加剧，不同券商的发展战略可能会逐渐产生差异。大型券商基于资本和规模优势，可能会综合化发展，而中小券商由于资本和人才的局限，难

以在所有业务上与大型券商开展竞争，进而会聚焦重点业务，在细分领域打造竞争优势，逐渐走上追求特色化发展的路子，这样可以形成大型券商和中小券商融合发展的行业格局。

2. 科创板落地，支持经济高质量发展

2019 年我国将继续推进多层次资本市场发展，其中重要的一项举措就是科创板和注册制的推出。2019 年 3 月 2 日，证监会和上交所正式发布设立科创板并试点注册制的主要制度规则，科创板规则正式落地。通过科创板的设立，有助于为具有较强成长性的企业提供融资渠道，能够增强资本市场对科技创新企业的包容性，对于促进科技创新和经济高质量发展具有重要战略意义。同时设立科创板，在发行、交易、信息披露、退市等各个环节进行制度创新，建立健全以信息披露为中心的股票发行上市制度，并由“核准制”向“注册制”转变，以推进资本市场市场化改革，完善我国资本市场基础性制度。

3. 证券市场进一步扩大对外开放

首先，设立外资控股券商是证券业对外开放的重要内容。2018 年 4 月 28 日，证监会正式发布《外商投资证券公司管理办法》后，境外金融机构表现出极大的积极性。截至 2019 年 4 月，在一年左右的时间里，已经有 3 家外资控股券商获批设立，分别是瑞银证券有限责任公司、摩根大通证券（中国）有限公司、野村东方国际证券有限公司，还有不少外资机构正在积极申请之中。其次，境内证券市场将扩大对外开放，主要表现为境外资本有序净流入。目前，外资持有国内债券和股票比重仍然比较低，在沪深两个市场的占比都只有 2% ~3% 。2018 年 5 月，经监管部门批准，沪深港通每日额度增加 4 倍，北向和南向交易每日额度分别调整至 520 亿元和 420 亿元。2019 年，“沪伦通”将启动，以进一步扩大中国资本市场国际影响力。此外，国内市场也将逐渐纳入国际主流指数，比如 MSCI 宣布增加中国 A 股在 MSCI 指数中的权重，并通过三步把中国 A 股的纳入因子从 5% 增加至 20% 。

（三）保险业：服务民生需要、扩大对外开放

1. 保险业务结构将会继续优化调整

2018年我国对于人身险监管成效显著，行业回归保障本源转型效果显现。按照联合国标准，我国先后将于2025年和2035年进入深度老龄化和超级老龄化社会。与养老问题相伴而生，养老金缺口的增大使民众养老面临严峻挑战。2018年5月我国开始税收递延养老保险试点工作，预计2019年将大概率推广实施，有望在未来五年给保险行业带来千亿级别的保费增量。随着税收优惠政策落地，以健康险为代表的保障型险种以及商业养老保险将会加速发展。对于财产险业务，作为主力险种的车险业务近两年占财产险的比重下降明显，从2017年的78.3%降至2018年的72.7%，降低了5.6个百分点。2018年车险仅实现承保利润10.53亿元，同比下降85.75%。车险承保利润如此严峻的下滑，使各大保险公司都加强了对非车险的布局，提升农险、责任险等在财产险中的份额。2019年这种发展势头将延续，非车险的财产险险种将会实现较快的增长。

2. 保险科技的运用将更加普遍

保险科技创新将成为保险发展的驱动力，会在一定程度上改变保险业的面貌。2019年，保险科技在财产保险领域的应用将更加广泛，部分保险产品可以在全价值链上得到应用。财产保险领域的个别产品，如汽车保险、旅游保险、意外保险、房屋保险、宠物保险等可能出现全流程的革命性变化。尤其是在车险领域，保险科技将会在车险全价值链中应用，是下一个阶段保险科技应用中最突出和最具有标志意义的事件。保险科技在寿险领域的应用难度相对较大，但在个别寿险产品的销售、运营过程将获得广泛的应用。同时，保险科技在健康管理、医疗管理等环节和领域的应用，可能改变保险产品和服务的版图，可以实现局部突破。

3. 保险业的对外开放进一步提速

2018年4月，央行行长易纲表示，外资持股保险公司比例将放宽至51%，且三年后不再对持股比例设限；允许符合条件的外国投资者来华经营

保险代理业务和保险公估业务，并放宽外资保险经纪公司经营范围，保持与中资机构一致。此外，全面取消了外资保险公司设立前需开设 2 年代表处的要求。而在此前，财险公司外资持股比例已全部放开，但合资寿险公司的持股比例上限一直是 50%。至 2019 年，已有数家外资保险巨头获批设立控股保险公司，进入国内保险市场。外资保险公司坚守风险防控，注重稳健合规经营，进一步推动我国保险市场规范化发展。

参考文献

[1] 杨成长等:《金融协同促进长三角一体化发展》,《上海证券报》2018 年 6 月 13 日。

[2] 陈卫东、熊启跃:《资管新规下银行业务调整及影响》,《中国金融》2018 年第 20 期。

[3] 连平:《银行业支持实体经济的路径完善》,《金融时报》2018 年 12 月 10 日。

[4] 杨丰强、刘雨薇:《分化与转型——证券行业 2018 年回顾与 2019 年展望》,《中国证券》2019 年第 1 期。

[5] 范力:《促进证券业高质量发展，形成创新驱动发展新格局》,《中国证券报》2019 年 4 月 26 日。

B.9

2018～2019年长三角地区旅游业发展报告

于秋阳*

摘　要： 长三角旅游资源富集、基础设施完善，是我国重要的旅游目的地和旅游客源地。推动长三角文旅产业融合和高质量发展，是落实长三角一体化国家战略、建设长三角世界级城市群和加速长三角一体化进程的重要抓手。新时代，长三角三省一市旅游业总体态势向好，在推进全域旅游、乡村旅游、红色旅游、工业旅游等领域不断探索，取得了较好的成效；但同时，区域旅游业在资源分布、经营业绩、发展环境等方面仍存在差异。本文结合长三角旅游业的重大发展机遇，就进一步深化区域合作、加强文旅融合、更新业态产品等方面提出了相应的建议。

关键词： 区域旅游一体化　文旅融合　高质量发展　长三角

长江三角洲地区（以下简称“长三角地区”）位于长江下游入海口的冲积平原，经济发展水平高，交通便利，旅游资源丰富，自然山水锦绣多姿，人文历史交相辉映，城镇集聚程度高。长三角依江而建，所辖上海市、浙江省、江苏省、安徽省三省一市，常住人口约2.2亿，约占全国总人口数的

---

* 于秋阳，上海社会科学院应用经济研究所副研究员，研究方向为旅游产业经济、区域经济、文化创意产业。

1/6；经济总量约占全国经济总量的1/4，是我国功能最全、辐射力最强、综合价值最高的区域，在国家现代化建设大局和全方位开放格局中具有举足轻重的战略地位。

2018年11月5日，国家主席习近平在首届中国国际进口博览会开幕式发表演讲时提出“将支持长江三角洲区域一体化发展并上升为国家战略”，并“着力落实新发展理念，构建现代化经济体系，推进更高起点的深化改革和更高层次的对外开放”。区域重大战略部署也在深刻地影响着旅游业的发展格局。随着2019年7月《长江三角洲区域一体化发展规划纲要》① 的正式印发和《长江三角洲一体化发展三年行动计划（2018～2020年）》的进一步推进，依托长江经济带的协同发展，长三角将在打造“长江沿线的国际黄金旅游带”中发挥更为重要的作用；长三角旅游业也将在率先实现“一体化”和“高质量”发展的目标下，更好地服务全国发展大局，参与全球合作竞争。

一　长三角旅游业发展总体概况

（一）中国旅游业继续处于黄金发展期

新时代，随着全面建设小康社会不断推进，国民生活消费水平提高，我国社会的主要矛盾已经转变为人民日益增长的美好生活需要和不平衡不充分发展之间的矛盾。国家发改委2019年2月发布的《2018年国民经济和社会发展统计公报》显示，2018年全国居民恩格尔系数为28.4%，比上年下降0.9个百分点，居民消费平稳较快增长，消费升级类商品的销售增长较快，体育娱乐用品消费增长达15.69%，消费升级步伐加快，旅游作为人类生活最重要的精神消费将持续处于爆发式增长期。《2018年旅游市场基本情况》中的统计数据显示，2018年，全年旅游总收入5.97万亿元，同比增长

① 《长三角一体化发展规划纲要印发》，新浪网，2019年7月15日。

10.5%，旅游业对GDP的综合贡献为9.94万亿元，占GDP总量的11.04%，旅游直接就业2826万人，旅游直接和间接就业7991万人，占全国就业总人口的10.29%。中国继续保持世界第一大出境旅游客源国和全球第四大入境旅游接待国的地位。其中，国内旅游市场和入出境旅游分别达55.39亿人次和2.91亿人次，分别同比增长10.8%和7.75%，中国已经进入“大众旅游”时代，旅游成为“刚需”。旅游业作为“五大幸福产业”之首将继续处于黄金发展期，并成为新常态下中国经济和世界旅游经济增长的重要引擎。①

（二）长三角旅游业发展态势总体向好

1. 长三角地区旅游业发展概况

2018年，长三角旅游业整体运行状况良好。沪浙苏皖旅游总人次、旅游总收入均实现较快增长。长三角地区四省市接待旅游人数均超过3.3亿人次，旅游总人次达到25.84亿人次，同比增长10.14%，占全国旅游总人次的45.49%，旅游收入均超过4600亿元，旅游总收入达到3.52万亿元人民币，同比增长11.01%，占全国旅游总收入的58.94%。上海市接待旅游总人次3.49亿人次，同比增长6.58%，旅游总收入4694.9亿元，同比增长4.68%；浙江省接待旅游总人次6.9亿人次，同比增长8.7%，旅游总收入10006亿元，同比增长11.9%；江苏省接待旅游总人次8.18亿人次，同比增长9.6%，旅游总收入13247亿元，同比增长13.6%；安徽省接待旅游总人次7.27亿人次，同比增长15.14%，旅游总收入7241亿元，同比增长16.8%。②

2. 长三角地区国内旅游市场情况

2018年，长三角地区国内旅游继续保持较快增长。上海市接待国内游

① 《中华人民共和国文化和旅游部2018年文化和旅游发展统计公报》，http://zwgk.mct.gov.cn/auto255/201905/t20190530_844003.html?keywords，2019年7月15日

② 《文化和旅游部：2018年旅游市场基本情况》，http://zwgk.mct.gov.cn/auto255/201902/t20190212_837271.html?keywords，2019年7月15日。

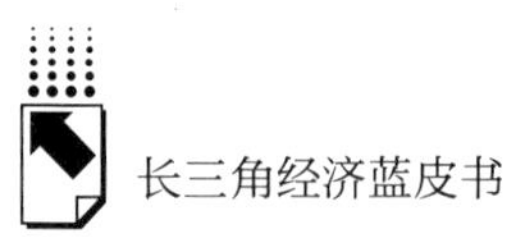

表1 2018年长三角旅游市场整体情况

项目	上海	浙江	江苏	安徽
国内旅游人次(万人次)	33976.87	68000.00	81422.80	72100.00
同比增长(%)	6.7	8.8	9.6	15.2
国内旅游收入(亿元)	4477.15	9834.00	12851.30	7030.00
同比增长(%)	11.2	12.2	13.7	17.1
入境旅游人次(万人次)	893.71	456.80	400.90	607.00
同比增长(%)	2.4	-4.2	8.3	10.5
旅游外汇收入(亿美元)	73.71	26.00	46.50	31.90
同比增长(%)	8.2	-0.7	10.8	10.7
旅游总人次(万人次)	34870.58	69000.00	81823.70	72707.00
同比增长(%)	6.58	8.7	9.6	15.14
旅游总收入(亿元)	4694.92	10006.00	13247.30	7241.00
同比增长(%)	4.68	11.9	13.6	16.8

资料来源：各省市《2018年国民经济和社会发展统计公报》。

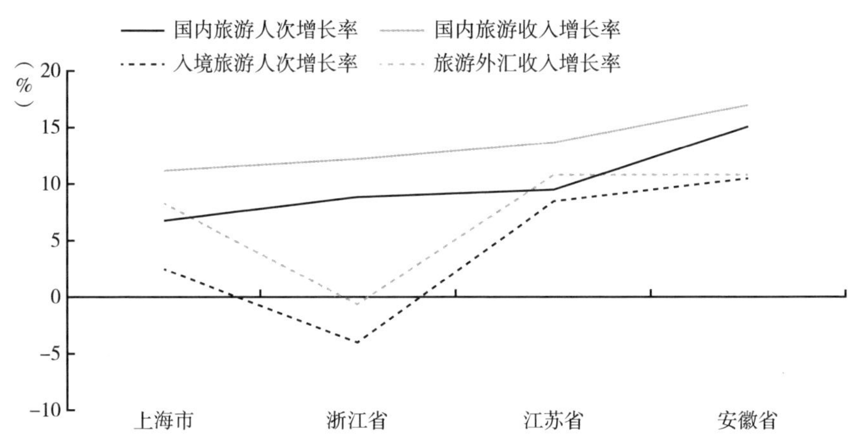

图1 2018年长三角旅游市场整体发展情况

资料来源：各省市《2018年国民经济和社会发展统计公报》。

客3.40亿人次，同比增长6.7%，国内旅游收入4477亿元，同比增长11.2%；浙江省接待国内游客6.8亿人次，同比增长8.8%，国内旅游收入

9834 亿元，同比增长 12. 2%；江苏省接待国内游客 8. 14 亿人次，同比增长 9. 6%，国内旅游收入 12851. 3 亿元，同比增长 13. 7%；安徽省接待国内游客 7. 21 亿人次，同比增长 15. 2%，国内旅游收入 7030 亿元，同比增长 17. 1%。安徽省国内旅游人次增速达到 15. 2%，超过全国 10. 8%的增速，江苏省、安徽省国内旅游收入增速均超过全国 12. 3%的增速（见表 2、图 2）。

表 2　长三角国内旅游市场情况

项目	国内旅游人次（万人次）	同比增长（%）	国内旅游收入（亿元）	同比增长（%）
上海	33976. 87	6. 7	4477. 15	11. 2
浙江	68000. 00	8. 8	9834. 00	12. 2
江苏	81422. 80	9. 6	12851. 30	13. 7
安徽	72100. 00	15. 2	7030. 00	17. 1
总计	255499. 67	10. 075	34192. 45	13. 55

资料来源：各省市《2018 年国民经济和社会发展统计公报》。

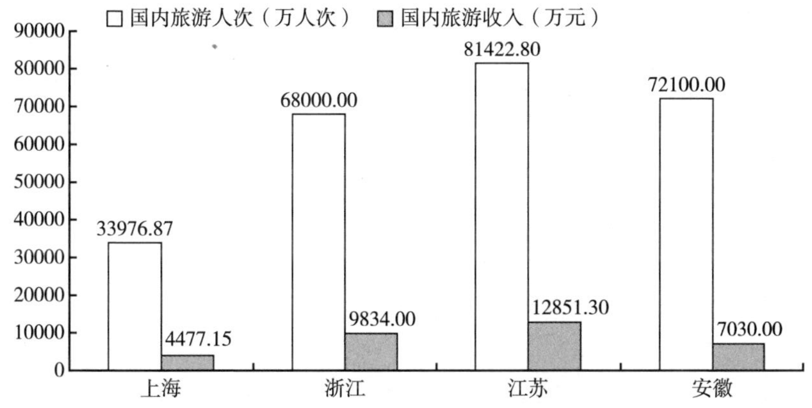

图 2　长三角国内旅游市场比较

资料来源：各省市《2018 年国民经济和社会发展统计公报》。

3. 长三角地区入境旅游市场情况

2017 年，沪浙苏皖四省接待入境旅游人数 3004. 01 万人次，占全国入境旅游人数的 21. 54%，实现旅游外汇收入 221. 66 亿美元，占全国旅游外汇收入的17.96%。其中，上海市接待入境旅游人数873万人次，同比增长2.2%，旅游外汇收入68.1亿美元，同比增长4.3%；浙江省接待入境旅游人数1212万人次，同比增长8.3%，旅游外汇收入83亿美元，同比增长10.54%；江苏省接待入境旅游人数370万人次，同比增长12.2%，旅游外汇收入42亿美元，同比增长10.3%；安徽省入境旅游旅游人数549万人次，同比增长13.1%，旅游外汇收入28.8亿美元，同比增长13.3%。沪浙苏皖四省入境旅游人数增速均超过全国0.8%的增速，江苏省、安徽省入境旅游人数增速超过10%，四省旅游外汇收入增速均超过全国2.5%的增速（见表3、图3）。

表3　长三角入境旅游市场情况

项目	入境旅游人次（万人次）	同比增长（%）	旅游外汇收入（亿美元）	同比增长（%）
上海	873.01	2.20	68.10	4.30
浙江	1211.70	8.30	82.76	10.54
江苏	370.10	12.20	42.00	10.30
安徽	549.20	13.10	28.80	13.30
总计	3004.01	7.69	221.66	9.19

资料来源：各省市《2017年国民经济和社会发展统计公报》。

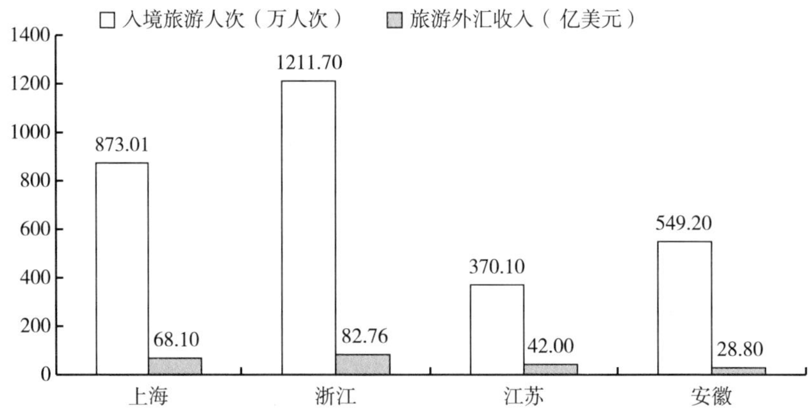

图3　长三角入境旅游市场比较

资料来源：各省市《2017年国民经济和社会发展统计公报》。

4. 长三角地区出境旅游市场情况

2017 年，上海旅行社组织出境旅游者 544.99 万人次，同比下降 3.62%。其中，出国游累计组团人数 541.53 万人次，同比下降 3.52%，香港游累计组团人数 25.76 万人次，同比下降 2.72%，澳门游累计组团人数 9.43 万人次，同比增长 20.36%，台湾游累计组团人数 11.45 万人次，同比下降 15.54%（见表4）。2017 年，浙江省旅行社组织出境游人数 243.98 万人次，同比下降 1.62%。其中，出国游累计组团人数 220.1 万人次，同比增长 0.4%，港澳游累计组团人数 19 万人次，同比下降 8.8%，台湾游累计组团人数 4.2 万人次，同比下降 37.5%（见表4）。

表 4　长三角部分地区出境旅游人数

单位：万人次，%

<table>
<tr><th>项目</th><th>上海市</th><th>同比增长</th><th>浙江省</th><th>同比增长</th></tr>
<tr><td>出境旅游人数</td><td>544.99</td><td>-3.62</td><td>243.98</td><td>-1.62</td></tr>
<tr><td>出国游人次数</td><td>541.53</td><td>-3.52</td><td>220.1</td><td>0.4</td></tr>
<tr><td>香港游人次数</td><td>25.76</td><td>-2.72</td><td rowspan="2">19</td><td rowspan="2">-8.8</td></tr>
<tr><td>澳门游人次数</td><td>9.43</td><td>20.36</td></tr>
<tr><td>台湾游人次数</td><td>11.45</td><td>-15.54</td><td>4.2</td><td>-37.5</td></tr>
</table>

资料来源：上海市、浙江省旅游局官网。

二　长三角旅游业运行态势分析

（一）长三角旅游业彰显新时代的新作为

党的十九大报告提出，“经过长期努力，中国特色社会主义进入了新时代”，奠定了我国发展的新历史方位。这一重大判断，为新时代的经济建设、政治建设、文化建设、社会建设和生态文明建设指明了新的发展方向。迈入新时代，长三角各地明确新定位和新使命，引领旅游业的新发展。上海市提出“发挥龙头城市、桥头堡作用”，推进旅游产业转型升级，推进旅游

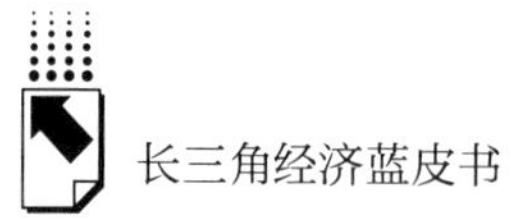

公共服务和管理能力转型升级。加快建设具有全球影响力的世界著名旅游城市，打造“精彩上海 品质之旅”的魅力新形象。浙江省将深入推进“旅游+”，拓展延伸旅游产业链，着力解决旅游发展中区域不平衡、城乡不平衡、淡旺季不平衡、产品结构不平衡等问题，全力打造“诗画浙江”中国最佳旅游目的地。江苏省将按照“建设国内领先的旅游强省和国际著名的旅游目的地”的目标定位，坚持省市联动、政企协同、融合发展，坚持规划引领、问题导向、项目牵引，合力推进“全域旅游”“水韵江苏”旅游品牌建设。安徽省提出全力打造美丽旅游、幸福旅游、信用旅游、智慧旅游，将旅游业打造为人民群众更加满意的现代服务业、经济发展的重要增长极和重要支柱产业。

1. 深入推进全域旅游

2018 年 1 月，国家旅游局宣布 2018 年度的主题为“美丽中国——全域旅游年”；同年 3 月，李克强总理在 2018 年政府工作报告中再次强调要“创建全域旅游示范区”。全域旅游的深入开展也为长三角区域的旅游转型升级提供了战略引导。《2017 全域旅游发展报告》的统计显示，截至 2017 年底，全国现有 500 家国家全域旅游示范区创建单位中长三角共 73 家，占全国的 15%。其中，上海有 4 家，浙江有 19 家，江苏有 28 家，安徽有 22 家。

2. 大力发展乡村旅游

党的十九大报告提出“实施乡村振兴战略”，2018 年中央“一号文件”也对实施乡村振兴战略进行了全面部署。在此战略引领下，乡村旅游成为农村发展、农业转型、农民致富的重要渠道。长三角各地也积极响应，依托自身特色在乡村旅游发展中取得了较好的成效，新业态不断涌现。上海市建设旅游特色小镇，打造田园综合体，提升郊野公园旅游休闲功能，打造市民周末休闲好去处。浙江省正致力于一批典型村的改造提升，鼓励各村挖掘特色，走差异化发展道路，加快建设乡村景区。江苏省推动乡村旅游提档升级，塑造乡村旅游品牌，放大乡村旅游综合效应，充分发挥乡村旅游经济文化功能，鼓励有条件的农村盘活资源，发展乡村旅游项目。安徽省旅游扶贫成效明显，在安徽省333个旅游扶贫重点村中，近200个村实现脱贫，带动22.18万贫困人口脱贫，带动贫困人口人均增收640元。

3. 积极发展红色旅游

红色旅游是弘扬以爱国主义为核心的民族精神和以改革开放为核心的时代精神的重要载体。党的十九大报告指出，“面对新时代的新形势、新困难、新挑战，红色旅游要有干在实处、走在前列的紧迫感，义无反顾担当凝聚起新时代精神力量的光荣使命”。在此引领下，长三角各地也不断探索自身的红色旅游新发展。统计显示，截至2018年11月，长三角红色旅游人数增幅在30%以上，可以预见，未来五年红色旅游仍会保持20%以上的增幅。上海市着力增强文旅融合发展的深度，开发以“一大会址”为主要内容的红色旅游线路，设计城市文化“一日游”产品，推广“城市微旅行”路线，研发演艺旅游产品。浙江省以“南湖红船精神”为核心，弘扬、发展、传承党的革命奋斗精神，加强爱国主义和革命传统教育。江苏省以丰富的红色文化资源为依托，拓展红色旅游产业链，将江苏打造成集红色文化体验、红色研学教育、红色观光休闲等为一体的全国一流红色旅游目的地。安徽省进一步深化认识，将红色旅游打造为旅游业大发展的新亮点和重要支撑点。

4. 创新推进工业旅游

2017年11月，时任国家旅游局局长李金早提出，推进我国工业旅游是丰富全域旅游的途径之一，长三角各省市的工业旅游发展不断创新。根据2018年1月27日发布的《中国工业遗产保护名录》，100个工业遗产中，长三角占8席；全国旅游资源规划开发质量评定委员会评选出的“十大工业遗产旅游基地”中，上海、浙江两省入围。具体而言，上海市发挥中国工业文明发祥地的资源优势，推动老厂房、老码头、老作坊等向文化创意与旅游休闲空间转化，拥有300余处工业旅游景点资源，2018年1月上海国际时尚中心成功入选“十大国家工业遗产旅游基地”。浙江省已创建省级工业旅游示范基地85家，同时，新昌达利丝绸工业园、遂昌金矿国家矿山公园、安吉天荒坪抽水蓄能电站等多家单位成功创建国家4A级旅游景区。江苏省已拥有国家级工业旅游示范点24家，省级工业旅游区72家，并出台行业省标、建立动态机制、组织开展培训。安徽省推动工业企业延伸产业链条，发展研学旅行、特色参观等新业态，旅游产品注重创新创意，依托合肥、芜湖、铜陵等重点城市的工业旅游发展基础打造示范基地。

（二）长三角旅游业发展基础不断完善

1. 文化与旅游资源丰富且品质较高

从文化资源来看，截至2018年底，长三角地区共有世界自然遗产与文化遗产9处，占全国的16.98%，共有国家历史文化名城27处，占全国的20.00%。从旅游资源看，省旅游景区（点）资源丰富，共有5A级旅游景区53个，占全国的21.2%，共有4A级旅游景区623个，占全国的19.04%，总体品质较高（见表5）。

表5　2018年长三角文化与旅游资源数量

单位：处/个，%

项目	长三角资源数量	全国占比
世界自然遗产与文化遗产数量	9	16.98
国家历史文化名城数量	27	20.00
5A级景区	53	21.2
4A级景区	623	19.04

资料来源：上海市、浙江省、江苏省、安徽省文化和旅游局/厅官网。

2. 社会经济基础实力不断增强

长三角地区是我国经济较为发达的地区。沪浙苏三省市人均GDP、城镇居民可支配收入、农村居民可支配收入、城镇化率均超过全国平均水平，其中，上海市、浙江省、江苏省人均GDP分别是13.5万元、9.86万元、11.52万元，分别是全国平均水平的2.08倍、1.53倍、1.78倍；上海市、浙江省、江苏省城镇居民可支配收入分别是6.8万元、5.56万元、4.72万元，分别是全国平均水平的1.73倍、1.42倍、1.2倍；上海市、浙江省、江苏省农村居民可支配收入分别是3.04万元、2.73万元、2.08万元，分别是全国平均水平的2.08倍、1.87倍、1.43倍。安徽省人均GDP、城镇居民可支配收入、农村居民可支配收入、城镇化率略低于全国平均水平（见表6）。

表6　2018年长三角社会经济状况

单位：元，%

项目	人均GDP	城镇居民可支配收入	农村居民可支配收入	城镇化率
上海	135000	68034	30375	87.7
浙江	98643	55574	27302	68.9
江苏	115168	47200	20845	69.61
安徽	47712	34393	13996	54.69

注：上海2018年城镇化率缺失，暂用2017年城镇化率数据替代。
资料来源：各省市《2018年国民经济和社会发展统计公报》。

3.交通运输条件不断完善

2018年，沪浙苏皖四省旅客运输量31.78亿人次，占全国旅客运输量的17.75%。其中，上海市旅客运输量2.15亿人次，同比增长3.1%；浙江省旅客运输量11.04亿人次，同比增长0.7%；江苏省旅客运输量12.19亿人次，同比下降4.7%；安徽省旅客运输量6.4亿人次，同比下降8.3%。江苏省旅客运输量最高，但增长率下降4.7%；上海市旅客运输量虽仅有2.15亿人次，但增速最快，达到3.1%（见表7、图4）。

表7　2018年长三角旅客运输状况

单位：亿人次，%

项目	旅客运输量	增长率
上海	2.15	3.1
浙江	11.04	0.7
江苏	12.19	-4.7
安徽	6.40	-8.3
总计	31.78	—

资料来源：各省市《2018年国民经济和社会发展统计公报》。

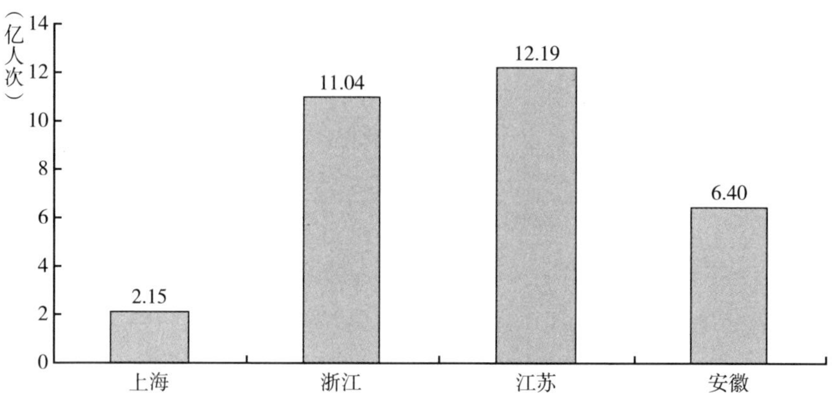

图4　2018 年长三角地区旅客运输量比较

资料来源：各省市《2018 年国民经济和社会发展统计公报》。

4. 旅游教育资源储备丰厚

2018 年，沪浙苏皖四省旅游院校共有 412 所，招生数达到 50106 人。旅游院校及招生数量方面，上海市共有 50 所旅游院校，招生数 5878 人；浙江省共有 115 所旅游院校，招生数 14737 人；江苏省共有 148 所旅游院校，招生数 14450 人；安徽省共有 99 所旅游院校，招生数 15041 人。其中，江苏省旅游院校数量最多，招生数量次于安徽省、浙江省（见表 8）。

表8　长三角旅游教育情况

单位：所，人

项目	旅游院校数量			旅游院校招生数		
	总计	高等院校	中等职业学校	总计	高等院校	中等职业学校
上海	50	34	16	5878	3468	2410
浙江	115	54	61	14737	8855	5882
江苏	148	108	40	14450	10083	4367
安徽	99	76	23	15041	8965	6076
总计	412	272	140	50106	31371	18735

资料来源：《中国旅游统计年鉴 2018》。

（三）长三角区域旅游一体化发展不断深化

1. 依托长三角区域合作办公室不断拓展旅游一体化协作平台

长三角文脉相近、地脉相连、水脉相通，自成一格，长三角三省一市区域旅游合作由来已久，以跨区域合作组织和协调会议为主体的形式展开。长三角区域旅游合作，一方面依托于长江经济带的总体合作平台，即长江沿岸中心城市经济协调会市长联席会议、长江三角洲城市经济协调会等；另一方面不断健全长三角区域的旅游合作平台，如长三角旅游合作联席会议。2018年4月，长江三角洲城市经济协调会召开了第18次市长联席会议，经过四次扩容，成员单位已由15个增加到34个，长三角作为多层次的城市发展共同体，又一次实现了跨越式发展。经过常态化的会议机制，长三角各城市积极参与“一带一路”和长江经济带建设，深化实施《长江三角洲城市群发展规划》，加速推进长三角一体化进程，长三角世界级城市群的建设进程也得以持续推进。

从区域旅游合作的标志性事件来看，1992年沪苏浙旅游部门第一次联合打出“江浙沪旅游年”旗帜，率先在中国旅游界提出区域旅游合作的概念，标志着两省一市的区域旅游合作的开始。2011年，苏浙皖沪三省一市领导共同签署了《苏浙皖沪旅游一体化合作框架协议》，进一步明确了长三角区域旅游合作战略、合作机制及合作内容，至此三省一市的区域旅游合作格局基本形成。2014年，苏浙皖沪旅游管理部门共同签署《长三角地区率先实现旅游一体化行动纲领》，苏浙皖沪的旅游合作进一步深化。长三角地区构建区域充满活力的旅游市场、诚信规范的旅游服务示范区、便捷高效的智慧旅游公共服务体系，在全国率先实现一体化发展。“十三五”以来，上海会同苏浙皖，四地以更加积极主动的态度开展了多层次对接、全方位合作，全方位提升长三角旅游一体化水平。

2018年，长三角三省一市正式设立长三角区域合作办公室，新一轮合作机制的建立标志着一体化进入快车道。区域合作办公室作为统筹协调机制，实现了由“三级运作”到合署办公的重要突破，通过制定长三角协同

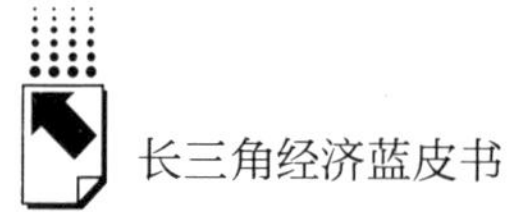

发展战略规划、体制机制和重大政策，协调推进区域合作中的重要事项，统筹管理长三角合作与发展共同促进基金、中国长三角网站等工作，推进长三角实质一体化，是引领长三角旅游一体化的重要体制机制创新。在此基础上，长三角区域旅游未来将在产业共推、市场共建、环境共治、服务共享等方面继续加强交流与合作，进行旅游线路、旅游产业整合，探索建设全域旅游服务体系及区域行业标准，深挖江南文化内涵，进一步推动长三角旅游一体化进程。

2. 长三角三省一市区域旅游一体化实践持续推进

通过三省一市各级旅游部门的共同努力，长三角地区在联合促销、旅游节庆、旅游人才和区域旅游标准一体化等方面取得了一定的成效，区域旅游合作处于全国前列。上海作为长三角区域的重要一员，根据长三角旅游一体化合作的框架协议，会同三省旅游局在旅游联合营销、旅游节庆、区域旅游标准一体化等方面开展了多层次、全方位、常态化的旅游合作，取得了一定的成效。

区域旅游联合营销方面，各级政府和旅行企业一直积极致力于区域旅游联合营销，《苏杭旅游合作框架协议》《苏浙沪旅游手册》《苏浙沪旅游交通图》等都是联合营销的典型代表。区域旅游品牌共建方面，长三角城市群整合旅游资源，启动“主题 + 体验”区域专项旅游产品，从理念到项目、从项目到产品、从产品到品牌，获得了长三角地区各城市和海内外游客的普遍好评，充分展示长三角城市群整体旅游形象。区域旅游服务管理方面，形成了《长三角区域人才开发一体化合作协议》《苏浙沪旅游集散中心合作与发展（常州）行动纲要》《主要旅游景区（点）道路交通指引标志设置规范》等，同时，长三角区域联合发布了《长三角区域信息合作联席会议合作章程》，推进区域内各城市旅游信息网或政务网相互宣传。企业联合和行业自组织方面，在上海铁路局和沪苏浙皖三省一市旅游局支持下，中国（长三角）高铁旅游联盟在浙江丽水成立，培育“高铁 + 自驾游”、“高铁 + 公共交通”和“高铁 + 电动汽车分时租赁”等旅游新业态。

（四）长三角旅游业发展质量仍需提升

1. 区域文化与旅游资源分布不均衡

从文化资源分布来看，上海市有1处国家历史文化名城；浙江省共有3处世界自然遗产与文化遗产、9处国家历史文化名城；江苏省共有3处世界自然遗产与文化遗产、13处国家历史文化名城；安徽省共有3处世界自然遗产与文化遗产、4处国家历史文化名城。总体而言，江苏省文化旅游资源最多，世界自然遗产与文化遗产及国家历史文化名城共有16处，浙江省、安徽省次之。从A级景区资源分布来看，上海市拥有3个5A级旅游景区，50个4A级旅游景区，46个3A级旅游景区；浙江省拥有16个5A级旅游景区，195个4A级旅游景区，337个3A级旅游景区；江苏省拥有23个5A级旅游景区，190个4A级旅游景区，224个3A级旅游景区；安徽省拥有11个5A级旅游景区，188个4A级旅游景区，258个3A级旅游景区。浙江省旅游景区最多，3A及以上景区548个，安徽省、江苏省次之（见表9、图5）。

表9　长三角文化与旅游资源分布

单位：处，个

项目	世界自然遗产与文化遗产	国家历史文化名城	5A级旅游景区	4A级旅游景区	3A级旅游景区
上海	0	1	3	50	46
浙江	3	9	16	195	337
江苏	3	13	23	190	224
安徽	3	4	11	188	258
总计	9	27	53	623	865

资料来源：上海市、浙江省、江苏省、安徽省文化和旅游局/厅官网。

2. 旅游企业效益平稳，入境旅游市场亟待拓展

从旅行社运营情况来看，2018年，沪苏浙皖四省外联、接待入境游客504.66万人次，占全国的13.04%，组织、接待国内游客18402.42万人次，占全国的44.48%。上海市外联、接待入境游客122.75万人次，组织、接待国内游客2391.97万人次；浙江省外联、接待入境游客117.98万人次，

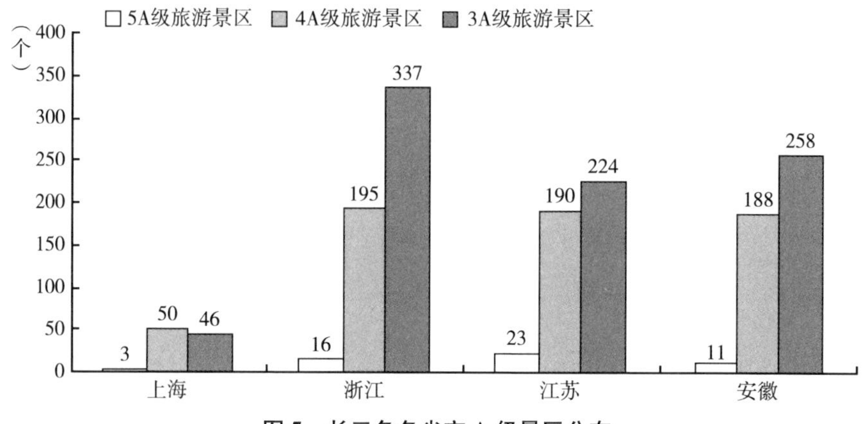

图 5　长三角各省市 A 级景区分布

组织、接待国内游客 3489.28 万人次；江苏省外联、接待入境游客 223.12 万人次，组织、接待国内游客 11354.25 万人次；安徽省外联、接待入境游客 40.81 万人次，组织、接待国内游客 1166.92 万人次（见表 10）。

表 10　长三角旅行社外联、组织、接待游客情况

单位：万人次

项目	外联、接待入境游客			组织、接待国内游客		
	总计	外联	接待	总计	组织	接待
上海	122.75	55.1	67.65	2391.97	1662.42	729.55
浙江	117.98	47.13	70.85	3489.28	1601.7	1887.58
江苏	223.12	33.82	189.3	11354.25	2240.1	9114.15
安徽	40.81	9.87	30.94	1166.92	448.54	718.38
总计	504.66	145.92	358.74	18402.42	5952.76	12449.66

资料来源：《中国旅游统计年鉴 2018》。

长三角地区星级饭店数量共有 1616 家，占全国星级饭店数的 16.89%，固定资产原值总额 1255.53 亿元，占全国星级饭店固定资产原值的 24.33%，说明长三角地区星级饭店的固定资产值较高。营业收入方面，上海市星级饭店营收总额达 212.65 亿元，说明上海市的星级酒店创收能力强。长三角地区，平均出租率均超过 53%，其中上海市平均出租率达到 68.98%，位居全国第一（见表 11）。

表 11　长三角星级饭店业绩情况

项目	星级饭店数量（家）	固定资产原值（亿元）	营业收入总额（亿元）	平均出租率（%）
上海	223	336.15	212.65	68.98
浙江	585	429.23	186.57	57.73
江苏	514	356.00	163.4	59.79
安徽	294	134.15	51.16	53.5
总计	1616	1255.53	613.78	—

资料来源：《中国旅游统计年鉴 2018》。

3. 旅游生态环境不断优化，但仍需改善

人均绿地面积方面，江苏省、安徽省均超过 14 平方米，上海市最低，仅有 8.19 平方米。森林覆盖率方面，浙江省达到 59.1%，安徽省、江苏省次之，覆盖率分别为 27.5%、15.8%，上海市森林覆盖率最低，仅有 10.7%。建成区绿化覆盖率方面，江苏省、安徽省、浙江省均超过 40%（见表 12）。

表 12　长三角旅游生态环境状况

单位：平方米，%

省份	人均绿地面积	森林覆盖率	建成区绿化覆盖率
上海	8.19	10.7	39.1
浙江	13.32	59.1	40.4
江苏	14.95	15.8	43.0
安徽	14.32	27.5	42.2

资料来源：国家统计局网站。

三　长三角旅游业发展展望

（一）长三角旅游业迎来重大发展机遇

1. 长三角一体化国家战略加速区域旅游一体化进程

一是提升长三角世界级城市群发展能级。2018 年 4 月长三角城市经济

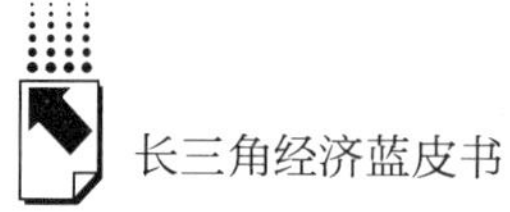

协会完成第四次扩容，成员单位由15个增加为34个，长三角作为多层次体量与发展阶段城市的共同体，又一次实现了跨越式发展。根据《长江三角洲城市群发展规划》，长三角将构建“一核五圈四带”的网络化空间格局，发挥上海中心城市作用，推进南京都市圈、杭州都市圈、合肥都市圈、苏锡常都市圈、宁波都市圈等都市圈同城化发展；到2030年，全面建成具有全球影响力的世界级城市群，为长三角旅游业的一体化发展奠定坚实的基础。

二是搭建长三角区域旅游一体化合作新平台。2018年3月，长三角三省一市正式设立长三角区域合作办公室，新一轮合作机制的建立标志着一体化进入快车道。区域合作办公室作为统筹协调机制，实现了由“三级运作”到合署办公的重要突破，通过制定长三角协同发展战略规划、体制机制和重大政策，协调推进区域合作中的重要事项和重大项目，统筹管理长三角合作与发展共同促进基金、中国长三角网站等工作，推进长三角实质一体化，也是引领长三角旅游一体化的重要体制机制创新。①

2. 旅游业发展新战略推动长三角旅游业新变革

一是文旅融合推动文化和旅游产业深度融合进入新阶段。2018年3月，国务院机构改革方案通过审议，决定不再保留文化部、国家旅游局，组建中华人民共和国文化和旅游部；截至2018年底，各地文化和旅游机构改革也陆续完成，文旅融合迎来新发展机遇。文化的本质是发现价值和创造价值，旅游的本质是体验价值和分享价值。文化和旅游部的组建是以习近平同志为核心的党中央站在新的更高起点、着眼于增强和彰显文化自信、提高国家软实力和中华文化影响力、以机构改革为契机做出的重大决策部署，也是新时代破解新的社会主要矛盾、进一步满足人们对美好生活向往的重要途径。

二是全域旅游发展战略推动旅游业转型升级。自2015年9月国家旅游局启动“国家全域旅游示范区”创建工作以来，以500家创建单位为代表的全域旅游在全国遍地开花。截至2017年底，全国全域旅游示范省（区）

---

① 《2018长三角旅游一体化高峰论坛在沪举办 业界热议主题公园模式创新与融合发展》，凤凰网，2018年10月1日。

创建单位增至7个，结合“1+3+N”综合体制改革，全国已有25个省份成立旅游发展委员会，共设立旅游警察205家、旅游巡回法庭280家、工商旅游分局132家。[①] 2018年为全域旅游年，李克强总理在2018年政府工作报告中再次强调要“创建全域旅游示范区”，国务院办公厅于3月印发《关于促进全域旅游发展的指导意见》（国办发〔2018〕15号），就加快推动旅游业转型升级、提质增效，全面优化旅游发展环境，走全域旅游发展的新路子做出了新的全面部署。

3. 高铁网新进展完善长三角旅游业发展基础

从长三角高铁网络密度来看，在实现区域同城化效应的过程中，包括高铁在内的基础设施互联互通发展迅速，长三角成为全国高速铁路（包括城际铁路）最为密集的区域。随着2016年安徽省8个城市被纳入《长江三角洲城市群发展规划》，长三角将依托国家综合运输大通道，以上海为核心，以南京、杭州、合肥为副中心，以高速铁路、城际铁路、高速公路和长江黄金水道为主通道构建多层次综合交通网络。结合国家和沪苏浙皖四省市的规划，预计至“十三五”中期（2018年），长三角地区开通高铁将达20条，同时，在建高铁9条，规划建设高铁16条，“八纵八横”中将有“三横两纵”贯穿长三角，据此，2020年前运营以及2020年前开工建设的高铁线路运营里程已达3400多公里，至“十三五”末，长三角的高铁密集程度将居中国各大城市群之首，并位于世界前列。

（二）推进长三角旅游业发展的对策建议

1. 依托示范区推进旅游一体化，强化上海的引领地位和作用

根据2019年7月发布的《长江三角洲区域一体化发展规划纲要》，将在上海青浦区、江苏吴江区、浙江嘉善县打造“长三角生态绿色一体化发展示范区”。旅游是长三角区域合作中成效最显著、共识最多的领域。在明确“生态绿色”定位的基础上，生态绿色一体化示范区建设是落实国家发

① 国家旅游局：《2017全域旅游发展报告》。

展战略的重要手段，依托示范区加快文旅产业先行先试，探索产业发展新路，对于促进长三角一体化示范区建设具有重要意义。长三角旅游一体化的进一步深化，一是需要依托示范区不断加强区域旅游产品、公共服务、标准化、生态环境保障等的协作分工；二是充分发挥上海对一体化的引领作用和示范效应，在区域合作机制上，突出上海在区域旅游合作机构的设立、区域旅游合作规则的制定、区域旅游产品的开发、区域旅游服务标准一体化和区域旅游公共服务保障标准一体化的制定等方面的龙头地位，在产业实践中，突出上海对区域旅游市场资源配置作用，基于信息、技术、贸易、金融、投资和港口等方面的综合优势，加大力度对长三角旅游经济和产业体系进行整合，不断凸显上海在旅游业上的引领和示范作用。

2. 深化文旅融合，打造长三角区域旅游品牌体系

文旅融合是旅游产业发展的必由之路，也是长三角旅游业挖掘特色资源、彰显特色魅力的重要抓手。结合当前实践，一是深挖长三角的文脉、水脉文化元素，将江南文化、红色文化等元素通过更多元的创意手段、表达形式、体验方式注入旅游业的各个环节，丰富“旅游+文化”的具体载体，以产品内容创新重构长三角旅游核心吸引力。二是注重长三角“江南水乡”品牌的建设，通过打造跨区域旅游产品、跨区域旅游品牌、跨区域旅游服务平台以及跨区域联合营销，加强整体推介力度，塑造区域旅游形象，并结合艺术性和创意性的长三角旅游纪念品和衍生品设计与宣传推广，共同建设区域整体特色IP和区域旅游品牌体系。

3. 创新业态产品，促进长三角旅游业高质量一体化

2018年1月，全国旅游工作会议提出“优质旅游”发展理念，即当前我国旅游业应当从“有没有”转向“好不好”，从“高速旅游增长阶段”转向“优质旅游发展阶段”，从传统旅游转向“产品优、服务优、效益优、结构优、管理优”的高品质旅游发展阶段。要切实推动长三角旅游业实现从量到质、从粗放到集约的新突破，继续深入推行“旅游+”战略，从大旅游、产业融合、产城融合的角度谋划旅游发展、产品设计和规划编制。通过“旅游+创意”“旅游+科技”鼓励旅游产品创新和技术创新，鼓励传统

旅游业态与文创、众创、科创的结合与衍生，通过延伸旅游产业链找准抓手，提升旅游产业附加值，促进旅游业整体转型升级。随着新消费时代的到来，对接长三角区域旅游者较为明显的个性化、品质化、全域化旅游需求，更新旅游业态、产品，不断运用新手段、新模式提升消费体验。通过传统水上旅游、高铁旅游、自驾车和房车旅游、会展旅游、乡村旅游的创新，构建长三角内容丰富、层次多样的一体化旅游产业与产品体系。同时，结合长三角较好的基础设施与公共服务基础，对接旅游产业的品质提升需求和全域化发展要求，进一步通过更完善的旅游便民惠民服务、旅游行政服务、旅游安全服务、旅游信息服务、旅游交通服务，完善多元化的公共服务发展政策，培育多元化公共服务供给主体，扩大旅游公共信息覆盖面，不断提升旅游公共服务的人性化、智慧化、便捷化、共享化、全域化，打造高品质、有温度的优质旅游环境和整体形象。

B.10
2018～2019年长三角地区国家级园区发展报告

马　双*

摘　要： 国家级园区是中国经济增长、产业优化和创新发展的重要引擎和载体。本报告从产值规模、产业结构、财税收入、进出口、创新能力等若干维度，系统、全面地分析了长三角地区国家级园区（经济技术开发区和高新技术开发区）的发展水平，并据此对相关园区做了排名。本报告可为长三角地区国家级园区的竞争力提升和可持续发展提供相应参考。

关键词： 国家级园区　长三角地区　竞争力

长三角地区是我国经济发展先行区、改革开放的最前沿，同时也是产业最集中、企业最集聚、创新活力最强、园区布局最多的地区，研究并掌握该地区国家级园区的发展情况，对我国发展集约型经济、促进产业转型升级和自主创新具有重要的现实意义。本文在现有研究的基础上，利用《中国开发区年鉴》《中国火炬统计年鉴》等统计数据，对长三角地区65个国家级经济技术开发区和32个国家级高新技术开发区的主要发展情况进行了分析研究，旨在为新时期背景下园区的竞争力提升和可持续发展提供相应参考。

* 马双，上海社会科学院信息研究所助理研究员，研究方向为产业集群和区域发展。

一　经济技术开发区

（一）发展概况

1. 产值规模不断扩大，园区数量全国领先

2017年，长三角地区国家级经济技术开发区数量达到65家，占全国比重近1/3，是国家级经济技术开发区布局最多的地区，同期的珠三角和京津冀分别只有6家和13家；地区生产总值从2015年的32889.1亿元波动上升至2017年的36732.2亿元，年均增长率5.7%，高于全国平均水平；地区生产总值占全国的比重从42.4%增长至46.3%。上海、江苏、浙江和安徽的地区生产总值规模分别达到4616.3亿、18349.2亿、9764.9亿和4001.8亿元。就园区平均产值而言，上海最高，达到769.4亿元，之后是江苏的705.7亿元、浙江的465.0亿元和安徽的333.5亿元。总体而言，2015～2017年长三角地区国家级经济技术开发区的数量和产值规模不断扩大。

表1　2015～2017年长三角地区国家级经济技术开发区数量和产值情况

地区	园区数量(家)			地区生产总值(亿元)		
	2017年	2016年	2015年	2017年	2016年	2015年
上海	6	6	6	4616.3	5923.2	5150.7
江苏	26	26	26	18349.2	17005.0	16616.2
浙江	21	21	21	9764.9	8768.5	7704.8
安徽	12	12	12	4001.8	4151.3	3417.4
长三角	65	65	65	36732.2	35848.0	32889.1
珠三角	6	6	6	5578.9	5125.2	4692.6
京津冀	13	13	13	6946.0	7223.8	6713.4
全国	219	219	219	79382.2	83139.0	77611.0
长三角占比(%)	29.7	29.7	29.7	46.3	43.1	42.4

资料来源：《中国开发区统计年鉴》（2016～2018年）。

2. 三产比重持续上升，产业结构不断优化

2015～2017 年，长三角地区国家级经济技术开发区第二产业增加值从 2015 年的 23750.9 亿元增加到 2017 年的 24171.4 亿元，年均增长率 0.9%；第三产业增加值从 2015 年的 8808.4 亿元增加到 2017 年的 11996.4 亿元，年均增长率 16.7%，第三产业增加值年均增长率显著高于第二产业。从产业结构看，第二、第三产业的比重从 2015 年的 0.729∶0.271 变为 2017 年的 0.668∶0.332，第三产业比值不断上升，产业结构不断优化。

分地区而言，上海的第二、第三产业比重从 2015 年的 0.771∶0.229 变为 2017 年的 0.550∶0.450，江苏的第二、第三产业比重从 2015 年的 0.718∶0.282 变为 2017 年的 0.678∶0.322，浙江的第二、第三产业比重从 2015 年的 0.691∶0.309 变为 2017 年的 0.666∶0.334，安徽的第二、第三产业比重从 2015 年的 0.813∶0.187 变为 2017 年的 0.767∶0.223。

表 2　2015～2017 年长三角地区国家级经济技术开发区第二、第三产业增加值情况

单位：亿元

项目	第二产业增加值			第三产业增加值		
	2017 年	2016 年	2015 年	2017 年	2016 年	2015 年
长三角	24171.4	25431.8	23750.9	11996.4	10020.3	8808.4
上海	2537.8	4494.4	3697.7	2077.6	1123.8	1095.5
江苏	12205.7	11921.9	12086.3	5792.4	5246.3	4755.3
浙江	6376.5	5741.4	5198.4	3198.4	2796.0	2323.0
安徽	3052.4	3274.1	2768.5	928.0	854.2	634.7
全国	61010.0	57505.0	55853.0	28511.0	24299.0	20581.0

资料来源：《中国开发区统计年鉴》（2016～2018 年）。

3. 财税收入稳步增长，占全国比重有所下降

2015～2017 年，长三角地区国家级经济技术开发区的财政收入和税收收入持续增加，占全国比重有所下降。其中，财政收入从 2015 年的 5850.9 亿元增加到 2017 年的 6891.0 亿元，年均增长率 8.5%，占全国的比重从 39.9% 略微下降至 38.7%；税收收入从 2015 年的 5497.4 亿元增加到 2017 年的 6491.3

亿元，年均增长率8.7%，占全国的比重从42.0%略微下降至41.3%。

分地区看，上海财政收入从2015年的305.9亿元增长至2017年的352.8亿元，年均增长率7.4%，税收收入从533.1亿元增加至817.8亿元，年均增长率23.9%；江苏财政收入从2015年的3425.9亿元增长至2017年的3760.1亿元，年均增长率4.8%，税收收入从2874.9亿元增加至3049.2亿元，年均增长率3.0%；浙江财政收入从2015年的1607.8亿元增长至2017年的2167.5亿元，年均增长率16.1%，税收收入从1661.2亿元增加至2079.6亿元，年均增长率11.9%；安徽财政收入从2015年的511.4亿元增长至2017年的610.6亿元，年均增长率9.3%，税收收入从428.2亿元增加至544.7亿元，年均增长率12.8%（见表3）。

表3　2015～2017年长三角地区国家级经济技术开发区财税收入情况

单位：亿元，%

项目	财政收入			税收收入		
	2017年	2016年	2015年	2017年	2016年	2015年
长三角	6891.0	6162.2	5850.9	6491.3	5824.7	5497.4
上海	352.8	322.7	305.9	817.8	624.7	533.1
江苏	3760.1	3420.6	3425.9	3049.2	2878.2	2874.9
浙江	2167.5	1877.7	1607.8	2079.6	1848.9	1661.2
安徽	610.6	541.2	511.4	544.7	472.9	428.2
全国	17810.0	15371.0	14680.0	15724.0	14018.0	13081.0
占比	38.7	40.1	39.9	41.3	41.6	42.0

资料来源：《中国开发区统计年鉴》（2016～2018年）。

4. 进出口额和实际利用外资额持续上升，区域内部差异明显

2015～2017年，长三角地区国家级经济技术开发区的进口额、出口额和进出口总额均呈现持续上升的趋势，升幅分别达到14.8%、16.2%和14.4%，但三者占全国的比重均呈现下降趋势，分别从2015年的51.5%、57.7%、55.1%下降至2017年的49.5%、56.3%、53.3%。实际利用外资方面，长三角从2015年的1269.4亿元上升至2017年的1294.3亿元，升幅达到2.0%，占全国的比重则从34.5%微降至34.4%。总体而言，受对外开

放政策的进一步深化，长三角地区国家级经济技术开发区的进出口和实际利用外资形势有所好转。

分地区看，内部各省市差异较为明显。进口额方面，上海从 2015 年的 779.4 亿元增加至 2017 年的 1183.2 亿元，浙江从 2015 年的 1641.7 亿元上升至 2017 年的 2405.6 亿元，安徽从 2015 年的 382.4 亿元增加至 2017 年的 536.9 亿元，而江苏从 7689.7 亿元上升至 7923.7 亿元；出口额方面，沪苏浙皖分别上升了 15.4%、5.0%、11.0% 和 1.2%。综合进口额和出口额而言，上海、浙江增幅较大，安徽次之，江苏增幅最慢。实际利用外资额方面，沪苏在 2015～2017 年下降了 4.7% 和 3.0%，浙皖则分别上升了 5.4% 和 5.5%。可见，2015～2017 年，长三角地区园区在进出口和实际利用外资方面存在较显著的内部差异性。

表 4　2015～2017 年长三角地区国家级经济技术开发区进出口情况

单位：亿元，%

项目	进口额			出口额			进出口总额		
	2017 年	2016 年	2015 年	2017 年	2016 年	2015 年	2017 年	2016 年	2015 年
长三角	12049.4	9734.2	10493.3	17771.3	15299.6	15580.3	29820.7	25033.8	26073.6
上海	1183.2	900.4	779.4	1101.9	1001.1	827.8	2285.1	1901.5	1607.2
江苏	7923.7	6650.2	7689.7	11510.6	9714.9	10449.2	19434.2	16365.1	18138.9
浙江	2405.6	1792.8	1641.7	4463.6	3914.4	3624.4	6869.3	5707.2	5266.1
安徽	536.9	390.8	382.4	695.2	669.1	679.0	1232.1	1059.9	1061.4
全国	24355.0	20659.0	20377.0	31583.0	26946.0	26979.0	55938.0	47605.0	47356.0
占比	49.5	47.1	51.5	56.3	56.8	57.7	53.3	52.6	55.1

资料来源：《中国开发区统计年鉴》（2016～2018 年）。

表 5　2015～2017 年长三角地区国家级经济技术开发区实际利用外资情况

单位：亿元，%

项目	实际利用外资额		
	2017 年	2016 年	2015 年
长三角	1294.3	1237.0	1269.4
上海	76.4	86.6	83.8
江苏	556.1	522.5	590.4
浙江	453.3	427.6	408.0

续表

地区	实际利用外资额		
	2017 年	2016 年	2015 年
安徽	208.4	200.3	187.3
全国	3758.0	3301.0	3679.0
占比	34.4	37.5	34.5

资料来源：《中国开发区统计年鉴》（2016~2018 年）。

（二）园区排行榜

2017 年，长三角地区国家级经济技术开发区排行榜前十位如表 6 所示。苏州工业园区的生产总值超过了 2000 亿元，并且在第二产业增加值、第三产业增加值、财政收入、税收收入、进口额等指标上均位列第一。昆山经济技术开发区的出口额位列第一，达到 2878.1 亿元，嘉兴经济技术开发区则在实际利用外资额上表现最好，规模达到 74.3 亿元。

表 6　2017 年长三角地区国家级经济技术开发区园区排行榜前十位

单位：亿元

序号	地区生产总值	第二产业增加值	第三产业增加值	财政收入
1	苏州工业园区（2388.1）	苏州工业园区（1336.1）	苏州工业园区（1050.8）	苏州工业园区（731.9）
2	昆山经济技术开发区（1600.5）	上海化工经济技术开发区（1237.2）	上海漕河泾新兴技术开发区（973.0）	宁波经济技术开发区（355.7）
3	江宁经济技术开发区（1319.6）	昆山经济技术开发区（1107.5）	上海金桥经济技术开发区（737.1）	江宁经济技术开发区（286.5）
4	上海金桥经济技术开发区（1276.0）	合肥经济技术开发区（969.6）	嘉兴经济技术开发区（596.7）	南京经济技术开发区（291.0）
5	上海化工经济技术开发区（1270.0）	江宁经济技术开发区（808.8）	昆山经济技术开发区（490.5）	嘉兴经济技术开发区（284.9）
6	嘉兴经济技术开发区（1260.1）	南京经济技术开发区（808.1）	宁波经济技术开发区（398.8）	昆山经济技术开发区（225.2）
7	合肥经济技术开发区（1220.7）	常熟经济技术开发区（644.8）	江宁经济技术开发区（374.2）	常熟经济技术开发区（190.0）

续表

序号	地区生产总值	第二产业增加值	第三产业增加值	财政收入
8	上海漕河泾新兴技术开发区(1170.5)	嘉兴经济技术开发区(633.3)	海门经济技术开发区(313.1)	合肥经济技术开发区(184.6)
9	宁波经济技术开发区(1017.0)	宁波经济技术开发区(610.0)	靖江经济技术开发区(302.9)	太仓港经济技术开发区(180.0)
10	南京经济技术开发区(935.8)	芜湖经济技术开发区(603.7)	义乌经济技术开发区(273.3)	芜湖经济技术开发区(164.3)
序号	税收收入	进口额	出口额	实际利用外资额
1	苏州工业园区(569.7)	苏州工业园区(2982.8)	昆山经济技术开发区(2878.1)	嘉兴经济技术开发区(74.3)
2	上海金桥经济技术开发区(338.9)	昆山经济技术开发区(1413.1)	苏州工业园区(2822.4)	宁波经济技术开发区(69.0)
3	南京经济技术开发区(290.7)	宁波经济技术开发区(670.4)	浒墅关经济技术开发区(878.9)	苏州工业园区(62.5)
4	江宁经济技术开发区(286.5)	南京经济技术开发区(482.5)	宁波经济技术开发区(698.1)	芜湖经济技术开发区(47.5)
5	宁波经济技术开发区(278.7)	浒墅关经济技术开发区(463.2)	吴江经济技术开发区(668.7)	江宁经济技术开发区(45.8)
6	宁波石化经济技术开发区(255.0)	上海金桥经济技术开发区(414.3)	常熟经济技术开发区(572.1)	徐州经济技术开发区(41.6)
7	昆山经济技术开发区(225.2)	太仓港经济技术开发区(369.0)	江宁经济技术开发区(547.4)	马鞍山经济技术开发区(40.8)
8	嘉兴经济技术开发区(191.9)	吴江经济技术开发区(365.9)	嘉兴经济技术开发区(541.3)	杭州经济技术开发区(39.9)
9	合肥经济技术开发区(179.4)	常熟经济技术开发区(330.0)	张家港经济技术开发区(510.2)	杭州余杭经济技术开发区(39.8)
10	太仓港经济技术开发区(166.9)	杭州经济技术开发区(310.7)	义乌经济技术开发区(463.8)	萧山经济技术开发区(39.2)

注：括号内为当年数值。

资料来源：《中国开发区统计年鉴》(2016～2018年)。

二　高新技术开发区

(一)发展概况

不同于经济技术开发区，高新技术开发区的成立主要关注技术进步与创新增长，因此在指标选取和发展概况上也有别于经济技术开发区。

从发展规模看，2017 年长三角高新技术企业数达 10077 家，占全国的比重为 20.6%，沪苏浙皖的高新技术企业数分别为 3756 家、3328 家、1655 家和 1338 家；营业收入达到 69533.8 亿元，占全国的比重为 22.6%，沪苏浙皖的营业收入分别为 19769.9 亿元、28282.2 亿元、13302.1 亿元和 8179.6 亿元；年末从业人员数为 4439333 人，占全国的比重为 22.9%，沪苏浙皖的年末从业人员数分别为 1089588 人、1925329 人、970949 人和 453467 人（见表 7）。

表 7　2017 年长三角地区高新技术开发区发展规模情况

项目	高新技术企业数(家)	营业收入(亿元)	年末从业人员数(人)
长三角	10077	69533.8	4439333
上海	3756	19769.9	1089588
江苏	3328	28282.2	1925329
浙江	1655	13302.1	970949
安徽	1338	8179.6	453467
全国	48917	307057.5	19407420
占比(%)	20.6	22.6	22.9

资料来源：《2018 中国火炬统计年鉴》。

从科技创新情况来看，2017 年长三角高新技术开发区企业技术收入达 7479.4 亿元，占全国的比重为 22.5%，沪苏浙皖的高新技术开发区企业技术收入分别为 2995.3 亿元、1390.9 亿元、1841.0 亿元和 1252.3 亿元；研发经费内部支出达到 1614.1 亿元，占全国的比重为 26.2%，沪苏浙皖的研发经费内部支出分别为 496.5 亿元、548.0 亿元、351.2 亿元和 218.4 亿元；研发人员数为 559270 人，占全国的比重为 23.0%，沪苏浙皖的研发人员数分别为 147371 人、211612 人、116789 人和 83498 人（见表 8）。

从企业资产收益情况来看，2017 年长三角地区高新技术开发区企业净利润额达 5557.5 亿元，占全国的比重为 25.9%，沪苏浙皖的高新技术开发区企业净利润额分别为 1964.9 亿元、1975.6 亿元、1013.0 亿元和 604.0 亿元；企业年末资产达到 91451.4 亿元，占全国的比重为 19.9%，沪苏浙皖的年末资产分别为 33602.7 亿元、30816.1 亿元、16343.6 亿元和 10689.0 亿元；上缴税费额为 3994.3 亿元，占全国的比重为 23.2%，沪苏浙皖的上缴税费分别为 1188.5 亿元、1433.6 亿元、795.7 亿元和 576.5 亿元（见表 9）。

表 8　2017 年长三角地区高新技术开发区企业科技创新情况

项目	企业技术收入(亿元)	研发经费内部支出(亿元)	研发人员数(人)
长三角	7479.4	1614.1	559270
上海	2995.3	496.5	147371
江苏	1390.9	548.0	211612
浙江	1841.0	351.2	116789
安徽	1252.3	218.4	83498
全国	33309.1	6163.9	2427142
占比(%)	22.5	26.2	23.0

资料来源：《2018 中国火炬统计年鉴》。

表 9　2017 年长三角地区高新技术开发区企业资产收益情况

单位：亿元，%

项目	净利润	年末资产	上缴税费
长三角	5557.5	91451.4	3994.3
上海	1964.9	33602.7	1188.5
江苏	1975.6	30816.1	1433.6
浙江	1013.0	16343.6	795.7
安徽	604.0	10689.0	576.5
全国	21420.4	459901.2	17251.2
占比	25.9	19.9	23.2

资料来源：《2018 中国火炬统计年鉴》。

（二）园区排行榜

2017 年，长三角地区国家级高新技术开发区排行榜前五位如表 10 所示。上海张江科学城在各项指标中都位列第一，且数值均高出第二名 2 倍以上。其他位列前五的园区主要有杭州高新技术开发区、合肥高新技术开发区、南京高新技术开发区、无锡高新技术开发区、苏州高新技术开发区和宁波高新技术开发区。

表10　2017年长三角国家级高新技术开发区园区排行榜前五位

单位：亿元，人

序号	营业收入	年末从业人员	研发人员数	研发经费内部支出
1	上海张江科学城(19258.0)	上海张江科学城(1062759)	上海张江科学城(142970)	上海张江科学城(471.8)
2	南京高新技术开发区(5739.5)	杭州高新技术开发区(324964)	杭州高新技术开发区(67354)	杭州高新技术开发区(241.8)
3	杭州高新技术开发区(5480.0)	南京高新技术开发区(305728)	南京高新技术开发区(60517)	合肥高新技术开发区(142.2)
4	合肥高新技术开发区(4596.7)	无锡高新技术开发区(262679)	合肥高新技术开发区(51849)	南京高新技术开发区(136.6)
5	无锡高新技术开发区(3813.8)	合肥高新技术开发区(242346)	苏州高新技术开发区(28419)	无锡高新技术开发区(82.0)
序号	技术收入	净利润	年末资产	上缴税费
1	上海张江科学城(2875.7)	上海张江科学城(1883.3)	上海张江科学城(32589.1)	上海张江科学城(1147.5)
2	杭州高新技术开发区(1555.8)	杭州高新技术开发区(535.9)	杭州高新技术开发区(7836.2)	合肥高新技术开发区(422.2)
3	合肥高新技术开发区(1094.9)	合肥高新技术开发区(422.1)	南京高新技术开发区(7050.1)	南京高新技术开发区(354.9)
4	常州高新技术开发区(502.8)	南京高新技术开发区(354.9)	合肥高新技术开发区(5995.3)	杭州高新技术开发区(354.4)
5	南京高新技术开发区(445.9)	南通高新技术开发区(103.0)	无锡高新技术开发区(3981.1)	宁波高新技术开发区(228.8)

注：括号内为当年数值。

资料来源：《2018中国火炬统计年鉴》。

B.11 2018 ~2019年长三角地区交通运输业发展报告

王晓娟　曹馨月*

摘　要：　长江三角洲区域一体化于2018年上升为国家战略，这块区域是我国经济发展最活跃、开放程度最高、创新能力最强的区域之一，而交通运输业是国民经济中的先行和基础产业，长三角的经济发展为交通运输业带来了更多的机遇。本文通过分析2018年长三角地区交通运输结构、交通里程、长三角地区港口货物吞吐量、长三角机场运行数据等，并结合长三角基建政府的工作报告，对2019年长三角交通运输业提出合理建议。

关键词：　长三角一体化　交通运输业　长三角地区

根据《长江三角洲城市群发展规划》的要求，近些年长江三角洲地区力图打造上海国际性综合交通枢纽，加速建设南京、杭州、合肥、宁波等全国性综合交通枢纽，以及南通、芜湖、金华等区域性综合交通枢纽，提升区域辐射能力与水平。交通运输作为长三角区域一体化发展的先行官，在不断提高交通运输能量、日趋优化交通运输结构的同时，更凸显出交通一体化发展的趋势，高效发挥拉动经济增长的引擎作用，推动新时代长三角区域一体化发展。

---

* 王晓娟，上海社会科学院应用经济研究所副研究员，主要研究方向为区域经济与产业转型升级；曹馨月，上海社会科学院应用经济研究所职员，研究方向为创新与产业转型升级。

一 2018年长三角地区交通运输总体运行情况

长三角地区交通运输网络发达，区域内36个沿海内河主要港口、大小共23个民用机场、上百条高等级公路和10多条铁路干线，基本形成了交通网络骨架。区域内形成“公铁水空”立体交通格局，区域交通一体化程度不断提升，且区域内部的可达性水平更加均衡，外围城市的可达性迅速提升，长三角的整体空间格局由两极化向均衡化发展。预计到2020年末，长三角地区铁路营运里程达到13000公里，其中高速铁路营运里程将超过5300公里，铁路网络将全面覆盖区域内除浙江省舟山市以外的所有地级以上城市。届时，“三省一市”（安徽省亳州市除外）共计40个地级以上城市都将全面进入长三角“两小时经济圈”。

（一）交通运输能量

2018年，是举国上下贯彻落实十九大精神的开局之年，是实施“十三五”规划承上启下的关键一年。长三角各地区以国家战略为依托，以重点工程项目为引导，开展新一轮综合性交通运输建设，加快了近郊城市全面融入上海的步伐，努力在交通互联互通上做示范，着力补齐交通短板，进一步改善交通运输结构，提高交通运输能量。

2018年长三角地区交通运输生产运行总体平稳，客运量较2017年有所下降，货运量较2017年有所增加，全年全社会货物运输量达到103.03亿吨，客运量达到30.89亿人（见表1）。

上海交通运输的发展形势较为稳定。全年各类运输方式完成货物运输量、上海港口货物吞吐量、集装箱吞吐量分别同比上涨10.4%、同比降低2.7%、同比上涨4.4%，数量相应为107386.82万吨、73047.94万吨、4201.02万国际标准箱；集装箱中转比例、国际中转比例分别为46.8%、8.8%。上海浦东、虹桥两大机场全年累计起飞、降落77.16万架次航班，同比上涨1.5%；累计有11763.43万人次旅客进港或出港，同比上涨5.1%。

表 1　2018 年长三角地区各种运输方式完成运输量

项　目	客运量(万人)	货运量(万吨)	货物周转量(亿吨公里)	旅客周转量(亿人公里)
上　海	21496. 62	107386. 82	—	—
江　苏	121883. 30	247388. 10	9683. 7	1692. 5
浙　江	101516. 00	268530. 00	11583. 0	1104. 0
安　徽	64000. 00	407000. 00	11783. 7	1206. 2
合　计	308895. 92	1030304. 92	—	—

资料来源：2018 年各地区统计公报。

其中，国内、国际及地区航线游客累计进港或出港分别为 7665. 00 万人次、4098. 43 万人次，同比分别上涨 3. 7%、8. 0%。全年上海港累计接待了 406 艘国际邮轮靠泊。其中，有 378 艘邮轮将上海作为母港。邮轮累计接纳了 275. 29 万人次旅客，同比降低 7. 4%。全市拥有 393. 42 万辆民用汽车，类型各不相同，同比上涨 9. 0%。其中，私人汽车同比上涨 10. 1%，达到 302. 17 万辆。①

江苏交通运输基本处于平稳状态。全年货物运输量、周转量分别同比上涨 5. 7%、下降 0. 4%，旅客运输量、周转量分别同比降低 4. 7%、上涨 2. 0%。全省累计有 51. 6 万架次飞机在机场起飞或降落，同比上涨 11. 5%；货邮、旅客吞吐量分别为 59. 7 万吨、5164. 6 万人次，同比上涨 59. 7 万吨、16. 2%。年末，全省公路、高速公路、铁路的里程分别为 16 万公里、4710 公里、3014 公里，铁路正线延展 5258. 6 公里。民用汽车、私人汽车、私人轿车持有量分别为 1783. 2 万辆、1537. 6 万辆、1066. 8 万辆，分别上涨 10. 1%、9. 2%、8. 0%，分别净增 163. 8 万辆、129. 4 万辆、79. 2 万辆。各类运输方式齐备，提升了多样化运输方式的协同性。其中，在重量较轻、价值较高的货物运输需求高速增长、“一带一路”沿线经济贸易密切往来而产生新需求的影响下，铁路运输需求稳定增长；在大宗物资运输

① 详见《2018 年上海市国民经济和社会发展统计公报》。

中，水运的比较优势进一步增强，全省累计完成23.3亿吨规模以上港口货物吞吐量、4.9亿吨对外贸易货物吞吐量、1798万标准集装箱吞吐量。此外，一些地区的原油出口规模持续增大，江苏管道运输量以及中转量平稳增长。①

浙江交通运输行业平缓增长。全省公路、高速公路里程分别为12万公里、4421公里。累计有7个民航机场，全年旅客吞吐量、发送量分别为6539万人次、3375万人次。水、陆、铁三种交通运输方式累计完成11538亿吨货物周转量，同比上涨14.2%；旅客周转量达到1104亿人公里，同比上涨0.7%。港口、沿海港口分别完成16.9亿吨、13.4亿吨货物吞吐量，分别上涨6.5%、6.2%。宁波—舟山港累计完成10.8亿吨货物吞吐量，上涨7.4%，在全球范围内，集装箱吞吐量位列第三，达到2635万标箱，上涨7.1%。年终全省累计持有1534万辆民用汽车，同比上涨9.8%，其中个人汽车、民用轿车、个人轿车持有量分别为1347万辆、964万辆、892万辆，同比分别上涨9.7%、8.6%、8.4%。②

安徽交通运输行业不断高速发展。全年新增高速公路、一级公路、铁路的里程数分别为163公里、713公里、51.7公里。到2018年末，里程数分别达到4836公里、4864公里、4198.5公里，其中高速铁路的里程数为1456.4公里。全年货物运输量与周转量分别为40.7亿吨、1206.2亿公里，同比分别上涨0.8%、0.8%；旅客运输量、周转量分别为6.4亿人次、1206.2亿人次，同比分别降低8.3%、上涨0.8%。全年累计产生5.1亿吨港口货物吞吐量，降低0.2%。安徽省民航、合肥机场旅客吞吐量相应为1360万人次、1111.1万人次，同比分别上涨19.1%、21.5%。年终全省分别持有1087.3万辆民用汽车、1087.3万辆私人汽车、460.8万辆民用轿车，分别同比上涨9.3%、14.5%、14.8%。③

---

① 详见《2018年江苏省国民经济和社会发展统计公报》。
② 详见《2018年浙江省国民经济和社会发展统计公报》。
③ 详见《2018年安徽省国民经济和社会发展统计公报》。

（二）交通运输结构

长三角地区受益于“沿海经济带”、“沿江经济带”和“一带一路”建设，城市群密集，基础设施建设取得了突破性进展，交通网络日益发达。2018 年，长三角区域一体化发展上升为国家战略，长三角交通一体化进程加速推进，将向更高质量发展。①

近年来，长三角地区间高速公路、高速铁路网、城市间快速交通、跨海（江）大桥所构成的立体交通网络打破了区域界限，形成了大容量城际通道，城际空间联系空前紧密，使得长三角地区主要城市之间人员往来更加频繁，经济联系更为密切。2018 年，长三角地区货物运输的整体指标保持着稳中有进的形势，增长幅度略有减小，港口生产下降幅度有所减小，铁路季度货运量不断增加，民航货物运输量增长速度刷新历史纪录，快递业务规模迅速扩大。

1. 货物运输结构

从货运量看，公路运输仍旧是长三角地区最主要的运输方式。2018 年长三角地区公路运输量为 629196 万吨，占全国的 15. 91%，铁路运输量为 18167. 78 万吨，占全国的 4. 51%，水运运输量为 367737 万吨，占全国的 52. 33%（见表 2）。水路运输量约占全国的一半，具有绝对优势，这得益于长江黄金水道建设，加快建设以上海港为中心、以苏浙为两翼的长三角国际航运中心。南京以下深水航道建设取得了实质突破，不同港口之间强化合作关系。此外，通过合作，长三角地区构建了信息共享制度，实现对海关等涉外系统信息的共享制度构建，横跨多个海关区域的通关适用范围进一步扩大。

从货运周转量看，2018 年长三角公路货运周转量为 10259. 4 亿吨公里，占全国的 14. 40%，铁路货运周转量为 5890. 9 亿吨公里，占全国的 20. 44%，水运货运周转量为 49096. 1 亿吨公里，占全国的 49. 57%（见表 3）。

---

① 详见《沪苏浙皖：已经浮现的世界超级经济区》，《经济社会体制比较》2015 年第 6 期。

表2　2018年长三角地区主要交通方式货运量结构

单位：万吨，%

项目	公路	铁路	水运
上海	39595	468.38	66906
江苏	139251	5971.4	87735
浙江	166533	3728	98219
安徽	283817	8000	114877
长三角	629196	18167.78	367737
全国	3953871	402631	702684
长三角占全国的比重	15.91	4.51	52.33

资料来源：国家交通运输部网站。

表3　2018年长三角地区主要交通方式货运周转量结构

单位：万吨公里，%

项目	公路	铁路	水运
上海	2992852	100000	279907983
江苏	25443508	29670000	61219443
浙江	19640996	22130000	93525034
安徽	54516155	7009000	56308790
长三角	102593511	58909000	490961250
全国	712492119	288209900	990528155
长三角占全国的比重	14.4	20.44	49.57

资料来源：国家交通运输部网站。

2. 旅客运输结构

从客运量看，2018年长三角地区公路客运量为222959万人，占全国的16.31%，铁路客运量为67100.27万人，占全国的19.88%，水运客运量为7547万人，占全国的26.97%（见表4）。密集互通的高等级公路网络，使得公路出行仍是长三角地区人们最主要的出行方式，但随着城际高铁网络的完善，高铁正成为长三角区域出行的重要趋势，客运量占比较往年有较大幅度的提高。

表4　2018年长三角地区主要交通方式客运量结构

单位：万人，%

项目	公路	铁路	水运
上海	3151	12266.67	427
江苏	97025	21203.6	2383
浙江	72013	21630	4497
安徽	50770	12000	240
长三角	222959	67100.27	7547
全国	1367170	337495	27981
长三角占全国的比重	16.31	19.88	26.97

资料来源：国家交通运输部网站。

从旅客周转量看，2018年长三角各省市共完成公路客运周转量1602.1亿人公里，占全国的17.27%，完成铁路客运周转量为2380.5亿人公里，占全国的16.83%，完成水路客运周转量为10.95亿人公里，占全国的13.76%（见表5）。

表5　2018年长三角地区主要交通方式旅客周转量结构

单位：万人公里，%

项目	公路	铁路	水运
上海	1058150	987300	7944
江苏	7166416	8031000	34683
浙江	4027998	6950000	62987
安徽	3768861	7837000	3912
长三角	16021425	23805300	109526
全国	92796786	141465800	795742
长三角占全国的比重	17.27	16.83	13.76

资料来源：国家交通运输部网站。

（三）交通固定资产投资

2018年，全国完成铁路、公路、水路固定资产投资32235亿元，比上年增长0.7%。长三角地区交通固定资产投资持续增长，投资结构日趋优化，着眼于互联互通，实施高速公路和铁路、港口、机场等重大交通项目，补齐交通基础设施短板，完善综合交通运输体系。2018年，长三角地区累计完成公路、水路交通固定资产投资4245.84亿元，占全国的18.18%，其中上海、江苏、浙江、安徽分别完成公路、水路交通固定资产投资790.13亿元、756.39亿元、1767.88亿元、931.43亿元，较2017年分别增长42.0%、12.2%、12.7%、10.2%（见表6）。从内部比较看，2018年浙江公路、水路交通固定资产投资占比最大，占整个长三角地区的41.64%。

表6　2018年长三角地区公路、水路交通固定资产投资完成情况

单位：万元，%

项目		全国	长三角	长三角占全国的比重	上海	江苏	浙江	安徽
合计	2018年预计	233501517	42458356	18.18	7901317	7563859	17678842	9314338
	较上年增长	0.9	—	—	42	12.2	12.7	10.2
公路建设	2018年预计	213351809	31360462	14.7	1541702	6221213	15320407	8277140
	较上年增长	0.4	—	—	-5.9	14.7	12.8	5.5
内河建设	2018年预计	6279001	2934455	46.73	243935	755317	900881	1034322
	较上年增长	0.3	—	—	7.8	-7.6	46.6	74.9
沿海建设	2018年预计	5634033	1843812	32.73	188118	572499	1083195	0
	较上年增长	-15.8	—	—	-38.4	20.5	-12.4	0
其他建设	2018年预计	8236674	6319627	76.73	5927562	14830	374359	2876
	较上年增长	26.9	—	—	73.6	-32.9	50	-72.7

资料来源：国家交通运输部网站。

上海市积极落实国际航空运输“十三五”规划并以交通发展中的核心问题为切入点，坚持“严抓”“补齐短板”“进一步落实”，积极响应优质发展要求，使大量重点工作得以有序开展，在此基础上持续改善国际大都市的交通体系，顺利完成全年目标。2018年全年累计推进50项市重大交通工程项目，全力保障第一届进口博览会期间的交通出行，累计建成12项15条配套道路，完成的景观改善、绿化整治等工程累计179项，为全球航空运输中心建设的平稳推进起到了一定促进作用。洋山深水港四期工程通过验收，完成15万吨码头靠泊能力的核定任务，浦东机场第五跑道的建成、长江口南槽航道治理一期工程开工等均对长三角地区交通运输体系一体化发展起到了良好的推动作用。达成的相应合作协议中，9项核心项目中盈淀路建成通车，其他8项均已开工。核心交通项目规划建设工作取得了新突破，部分高架、路段等建成通车，区之间完成11条道路对接，浦江线正式开通，并步入试运营阶段，5号线、13号线向南延伸，完成二期以及三期的建成通车任务，为中运量公交的发展起到了良好的推动作用。松江现代有轨电车2号线正式开通，并步入试运营阶段，完成东方体育中心快速公交系统的建设任务，S7等项目的建设工作也处于有序推进状态。高峰时段，12条轨道交通骨干线的运输时间将缩短至3分钟，优化了61条公交线路，完成一些骨干通道线网的调节任务，新增了26公里的公交专用道，累计完成21项慢速行驶的交通项目的改善任务，所消除的交通拥堵点累计54处，所建立的停车资源共同分享项目累计159个，对不同行业的顽症进行严格打击，所查处的不同类型的交通违法案件累计2.7万件。

在基础设施方面，江苏省的投资总额再次刷新纪录。2018年，全省在公路、铁路、航空、水路等交通建设方面累计投资1197.4亿元，同比上涨8.6%，达到了历史新高，全年累计开工30个核心项目，为社会固定资产投资的稳定增长起到了关键作用，全省交通网络进一步完善。该省加快建立铁路网，累计建成5个铁路项目，新增的通车、铁路、高快速铁路里程分别为335公里、3126公里、1811公里。过江通道建设进一步加快，上年新增3个过江通道，当前已新建7个项目，并形成一定规模。新增4条国际货运航线，其中非洲际航线1条。快递业务量达到40亿件以上。推行货车通行费等政策，全年累计节省31.66亿元。高铁、航空等长距、优质出行占比进一步增加，新增8条民航国际客运航线，其中有3条航线为洲际远程客运航线，机场旅客吞吐量同比上涨16.4%，首次达到5000万人次以上；有6家机场的旅客吞吐量达到200万级以上，位居全国第一。新增3条城市轨道交通运营线路，里程数达到640公里以上，位居全国第四。新增并改善了326条城市公交线路。开通镇线公交的乡村新增了88个，开通率占比为83.7%。

浙江交通紧扣建立交通强国示范区战略规划，进一步实施“加大学习与调查研究力度，严抓落实”活动，全方位推行“1210交通强省行动”，全面推行“5411”综合交通发展战略，为四大建设工作的推进起到了一定促进作用。2018年，全省综合交通投资在年度计划中占比为118%，同比上涨14个百分点，再次刷新历史纪录，仍以2712亿元高速运行，远远超出了全国交通建设、全国固定资产投资的增长速度，交通平稳发展的作用愈发凸显。在这2712亿元巨额投资的背后，是该省交运系统频繁传出的捷报——浙江省率先拥有三大千万级机场、连续十年宁波—舟山港货物吞吐量居全球第一、杭黄铁路正式开通并步入运营阶段；快递业务量首度破百亿件等，该省在交通方面呈现良好的发展势头，并为浙江省经济发展起到了良好的推动作用。

在交通建设领域内，安徽省的投资高位运行，2018年该省的交通投资率先达到900亿元以上，使得经济条件较为落后地区的对外交通通达度得以顺利提升，控制成本、改善效果的政策进一步推行，智慧交通呈现一片欣欣向荣的发展形势。一些高速公路项目的工程建设任务已启动；一些高速项目的建设任务已顺利实现；已开工的“断头路”项目累计14个，这些项目均属于普通国省道项目。除此以外，其他类型的“断头路”建设项目也在进一步推进，其中，蜀山、枞阳枢纽船闸等步入施工建设阶段，南坪以及浍河五河船闸工程建成，新汴河航道整治工程预先开工。整治的核心公路交通安全隐患点数量、改造的危桥危隧数量、顺利完成的公路安全防护工程里程数分别为158处、471座、13648公里。自公路面积扩大、延伸工程实施以来，累计建成2万公里通村硬化路，累计完成2232公里的农村公路养护任务，县乡公路规模不等的修筑比例为4%。在农村地区，全方位实施运输通达工程，所建设的县级客运站、乡镇综合运输服务站、新增客车建制村分别为5个、10个、90个。2018年，一线、高速公路的通车里程数量分别为4864公里、4836公里。①

① 详见2018年各省市交通运输会议工作报告。

（四）交通运输里程

交通运输里程是区域交通运能的基础指标。2017 年，长三角地区公路里程总数为 49.52 万公里，其中，高速公路里程总数在全国高速公路里程总数中占比为 10.51%，比 2016 年新增了 257 公里，增长至 1.43 万公里，相较于前些年，占比略有降低；但相较于 2016 年，铁路里程总数增加了 128 公里，增长至 1.01 万公里，在全国铁路里程总数中占比 8.02%；内河航道里程并未发生变化，在全国内河航道里程中占比为 33.01%，仍保持在 4.20 万公里（见表 7）。

表 7　2017 年长三角地区主要交通里程

单位：公里，%

项　目	公路里程		高速公路里程		铁路里程		内河航道里程	
	2017 年	2016 年	2017 年	2016 年	2017 年	2016 年	2017 年	2016 年
上　海	13322	13292	829	825	465	465	2142	2176
江　苏	158475	157304	4688	4657	2816	2767	24383	24383
浙　江	120101	119053	4154	4062	2624	2577	9761	9765
安　徽	203285	197588	4673	4543	4275	4243	5641	5641
长三角	495183	487237	14344	14087	10180	10052	41927	41965
全　国	4773469	4696263	136449	130973	126970	123992	127019	127099
长三角占全国的比重	10.37	10.37	10.51	10.76	8.02	8.11	33.01	33.02

资料来源：《中国统计年鉴 2018》。

二　2018年长三角地区港口及航运中心建设情况

长江三角洲地区地处“沿海经济带”和“沿江经济带”交汇处，拥有得天独厚的区位优势。随着国家逐步加大投资和政策扶持力度，区域内基础设施日趋完善，经济发展日益优化。目前区域内共有规模以上港口 36 个，其中沿海港口 7 个，内河港口 29 个，港口货物吞吐量大。

（一）港口总体发展情况

据海关统计，2018 年，长三角地区累计有 11.07 万亿元进出口总额，同比上涨 9.1%；在全国对外贸易总量中，外贸总量占比为 36.27%，其中，上海市、浙江省、江苏省、安徽省对外贸易进出口总额同比分别上涨 5.5%、11.4%、9.5%、16.6%，分别达到 34009.93 亿元、28519 亿元、43802.4 亿元、4327.05 亿元。

1. 长三角地区港口货物吞吐量持续增长

2018 年，全国达到一定规模的港口累计完成 133.45 亿吨货物吞吐量，同比上涨 2.9%，其中内河、沿海港口分别完成 41.21 亿吨、92.24 亿吨。

长三角地区港口所完成的货物吞吐量同比上涨 29.4%，达到 52.23 亿吨，规模以上港口货物吞吐量占全国的 39.14%。区域港口资源的整合为长三角地区港口群生产效率的提升起到了良好的推动作用，为沿海、沿长江经济带等国家战略的顺利推行提供了有力支持。2018 年，上海市累计完成 7.30 亿吨货物吞吐量，同比降低 2.70%；安徽省、江苏省、浙江全省主要港完成的货物吞吐量分别为 4.97 亿吨、23.31 亿吨、16.65 亿吨，同比分别上涨 29.10%、15.68%、22.16%。

表 8　2018 年长三角规模以上港口货物吞吐量

单位：万吨，%

项目		吞吐量	比上年同期	占长三角主要港口的比重	占全国主要港口的比重
沿海	上海	68392	-3.0	13.09	5.12
	连云港	21443	4.1	4.11	1.61
	盐城	9808	8.8	1.88	0.73
	宁波—舟山港	108439	7.4	20.76	8.13
	嘉兴	9689	9.7	1.86	0.73
	台州	7167	1.6	1.37	0.54
	温州	8239	-7.7	1.58	0.62

续表

项目		吞吐量	比上年同期	占长三角主要港口的比重	占全国主要港口的比重
内河	上海	4656	3.2	0.89	0.35
	南京	25199	6.6	4.82	1.89
	镇江	15331	7.9	2.94	1.15
	苏州	53227	-12.0	10.19	3.99
	南通	26702	3.3	5.11	2.00
	常州	4863	3.1	0.93	0.36
	江阴	17560	10.0	3.36	1.32
	扬州	10129	7.5	1.94	0.76
	泰州	24509	2.9	4.69	1.84
	徐州	3140	-57.7	0.60	0.24
	连云港	2118	-5.3	0.41	0.16
	无锡	5680	5.3	1.09	0.43
	宿迁	1217	-17.6	0.23	0.09
	淮安	8769	-12.6	1.68	0.66
	扬州内河	2442	-6.6	0.47	0.18
	镇江内河	934	-37.2	0.18	0.07
	杭州	11812	0.2	2.26	0.89
	嘉兴内河	10696	3.4	2.05	0.80
	湖州	10486	-0.5	2.01	0.79
	合肥	4787	35.0	0.92	0.36
	亳州	258	-75.8	0.05	0.02
	阜阳	564	-12.0	0.11	0.04
	淮南	398	-77.9	0.08	0.03
	滁州	1566	3.1	0.30	0.12
	马鞍山	10355	-6.1	1.98	0.78
	芜湖	12016	-6.2	2.30	0.90
	铜陵	10008	-9.8	1.92	0.75
	池州	6723	40.6	1.29	0.50
	安庆	2983	24.2	0.57	0.22
长三角		522305	29.4	100	39.14
全　国		1334499	2.9	—	100

资料来源：国家交通运输部网站。

2. 长三角地区港口外贸货物吞吐量增速放缓

2018 年，内河规模以上港口、沿海规模以上港口分别完成 4. 42 亿吨、37. 21 亿吨对外贸易货物吞吐量，全国港口预计完成规模以上港口 41. 63 亿吨对外贸易货物吞吐量，同比上涨 2. 2%。

2018 年，长三角地区规模以上港口外贸货物吞吐量同比增加 7. 8%，累计完成 14. 29 亿吨，全国占比 34. 34%（见表 9）。其中，安徽省主要港口、江苏省主要港口、浙江省主要港口、上海港完成的对外贸易货物吞吐量分别为 0. 17 亿吨、4. 90 亿吨、5. 20 亿吨、4. 02 亿吨，同比分别上涨 10. 6%、上涨 5. 83%、上涨 3. 8%、降低 2%。得益于内河水网的持续改善、“水水中转”的进一步实施，一些内河港口的对外贸易货物吞吐量增长幅度达到 20% 以上。

表 9　2018 年长三角规模以上港口外贸货物吞吐量

单位：万吨，%

项目		吞吐量	比上年同期	占长三角主要港口的比重	占全国主要港口的比重
沿海	上海	40206	-2. 0	28. 13	9. 66
	连云港	11884	-1. 3	8. 31	2. 85
	盐城	1801	-26. 8	1. 26	0. 43
	宁波—舟山港	49433	4. 1	34. 58	11. 87
	嘉兴	1240	1. 2	0. 87	0. 30
	台州	618	-17. 9	0. 43	0. 15
	温州	544	10. 5	0. 38	0. 13
内河	上海	0	0	0	0
	南京	3103	26. 5	2. 17	0. 75
	镇江	3750	11. 1	2. 62	0. 90
	苏州	13893	-10. 0	9. 72	3. 34
	南通	6063	2. 0	4. 24	1. 46
	常州	950	37. 3	0. 66	0. 23
	江阴	4397	28. 4	3. 08	1. 06
	扬州	972	-3. 9	0. 68	0. 23
	泰州	2196	22. 7	1. 54	0. 53
	徐州	0	0	0	0

续表

项目		吞吐量	比上年同期	占长三角主要港口的比重	占全国主要港口的比重
内河	连云港	0	0	0	0
	无锡	34	30.3	0.02	0.01
	宿迁	0	0	0	0
	淮安	0	0	0	0
	扬州内河	—	-4.4	—	—
	镇江内河	0	0	0	0
	杭州	11	—	0.01	0.003
	嘉兴内河	20	-69.3	0.01	0.005
	湖州	170	-9.0	0.12	0.04
	合肥	42	56.7	0.03	0.01
	亳州	0	0	0	0
	阜阳	0	0	0	0
	淮南	0	0	0	0
	滁州	0	0	0	0
	马鞍山	1195	5.1	0.84	0.29
	芜湖	305	-3.3	0.21	0.07
	铜陵	31	11.1	0.02	0.01
	池州	43	73.7	0.03	0.01
	安庆	43	13.7	0.03	0.01
长三角		142944	7.8	100.00	34.34
全 国		416294	2.2	—	100.00

资料来源：国家交通运输部网站。

3. 长三角地区集装箱吞吐量保持持续增长态势

2018 年，内河、沿海规模以上港口所完成的集装箱吞吐量分别为 2864.21 万 TEU、22118.21 万 TEU，全国累计完成 24982.43 万 TEU。

2018 年，长三角地区累计完成 9119.59 万 TEU，同比上涨 20.7%，在全国所完成的集装箱吞吐总量中占比为 36.5%。其中，上海港累计完成 4201.02 万 TEU，同比上涨 4.4%，集装箱吞吐量刷新历史纪录，集装箱吞吐量仍居首位，但由于内贸箱增速下跌明显，总体增速与上年相比有所放缓。浙江省主要港口累计完成2972.78万TEU，同比上涨9.2%，宁波—舟山港集装箱吞吐量首超2635万箱，增速为7%。此外，宁波—舟山港与THE、2M等航运联盟在航线布局等方面加大了业务合作力度，2018年，该港口拥有246条不同类型的航线；安徽省、江苏省主要港口所完成的集装箱吞吐量分别为146.49万TEU、1799.3万TEU，同比分别上涨15.9%、7.2%。2018年，长三角地区港口集装箱吞吐量整体仍呈现良好的增长趋势，徐州港、无锡港等港口的增长幅度均达到20%以上，其中宿迁港的增长幅度最大，达到148.4%。

表10　2018年长三角规模以上港口外贸货物吞吐量

单位：万TEU，%

项目		吞吐量	比上年同期	占长三角主要港口的比重	占全国主要港口的比重
沿海	上海	4201.02	4.4	46.07	16.82
	连云港	473.14	0.5	5.19	1.89
	盐城	20.93	0.6	0.23	0.08
	宁波—舟山港	2635.08	7.1	28.89	10.55
	嘉兴	172.27	19.4	1.89	0.69
	台州	24.41	14.7	0.27	0.1
	温州	66.71	9.8	0.73	0.27
内河	上海	0	0	0	0
	南京	320.52	1.2	3.51	1.28
	镇江	43.18	6.5	0.47	0.17
	苏州	635.51	8.2	6.97	2.54
	南通	96.79	-3.9	1.06	0.39
	常州	31.24	23.1	0.34	0.13
	江阴	57.39	6.1	0.63	0.23
	扬州	50.03	2.3	0.55	0.2
	泰州	35.6	7.8	0.39	0.14

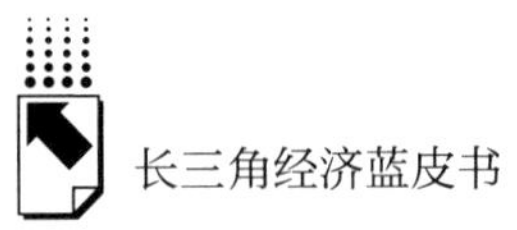

续表

项目		吞吐量	比上年同期	占长三角主要港口的比重	占全国主要港口的比重
内河	徐州	3.15	107.2	0.03	0.01
	连云港	1.42	—	0.02	0.01
	无锡	4.16	38.0	0.05	0.02
	宿迁	5.29	148.4	0.06	0.02
	淮安	20.21	17.1	0.22	0.08
	扬州内河	0.74	-3.1	0.01	0.003
	镇江内河	0	0	0	0
	杭州	6.07	18.1	0.07	0.02
	嘉兴内河	20.39	8.2	0.22	0.08
	湖州	47.85	35.3	0.52	0.19
	合肥	31.68	20.0	0.35	0.13
	亳州	0	0	0	0
	阜阳	—	-89.3	—	—
	淮南	0	0	0	0
	滁州	0	0	0	0
	马鞍山	18	-28.0	0.2	0.07
	芜湖	80.31	14.1	0.88	0.32
	铜陵	2.69	-39.0	0.03	0.01
	池州	1.72	11.5	0.02	0.01
	安庆	12.09	46.0	0.13	0.05
长三角		9119.59	20.7	100	36.5
全 国		24982.43	5.3	—	100

2018 年全球港口排名中，中国十大港口入围全球排名 TOP20，上海港以 4201 万 TEU 的集装箱吞吐量稳居全球第一，是上海港连续 9 年稳居全球第 1（见表 11）。其余分别是宁波—舟山港（第 3）、深圳港（第 4）、广州港（第 5）、香港港（第 7）、青岛港（第 8）、天津港（第 10）、厦门港（第 15）、高雄（第 16）及大连港（第 17）。

2018 年全球集装箱港口发展主要有以下特点。

第一，上海港全年的集装箱吞吐量达到 4201 万 TEU，不仅创造了全球所有港口集装箱运输历史上的最高纪录，而且连续九年稳居世界第一。

第二，宁波—舟山港全年的集装箱吞吐量达到2635万TEU，跃居全球第三，相比2017年增长7%，成为集装箱生产黑马。

第三，排名前120位港口全年的集装箱吞吐总量达到6.54亿TEU，相比往年增长了4.9%。

第四，排名前120位港口中，绝大部分港口吞吐量有所增加，少数港口吞吐量出现下滑或者不变。在排名前120位港口中，中国有27个港口上榜，领跑全球港口吞吐量增长。

第五，Alphaliner的数据显示，在2018年排名前120位的港口中，出现了3个新港口，分别是布埃纳文图拉港、洛美港和锦州港，取代了2017年的贝鲁特港、利蒙港和丹东港。

相比2017年，2018年全球航运市场总体走势向上，但在世界各国贸易疲软的影响下，世界前20大集装箱港口吞吐量的增长速度渐渐减缓。相关数据统计结果表明，2018年世界前20大集装箱港口累计完成3.4亿TEU集装箱吞吐量，同比上涨3.8%，较上年下降5.6个百分点。

表11　2018年全球港口集装箱吞吐量前10名

单位：万TEU，%

2018年排序	2017年排序	港口	吞吐量	增速
1	1	上海	4201	4.4
2	2	新加坡	3660	9.7
3	4	宁波—舟山	2635	7.1
4	3	深圳	2574	2.1
5	7	广州	2187	7.4
6	5	釜山	2166	5.7
7	6	中国香港	1960	-5.7
8	8	青岛	1932	5.5
9	17	洛杉矶—长滩	1755	3.9
10	10	天津	1601	6.2

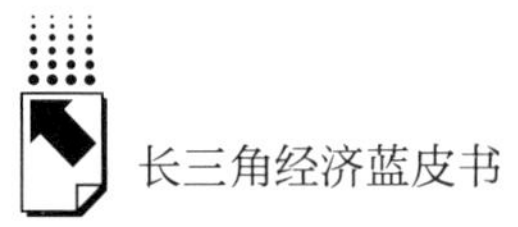

（二）上海国际航运中心建设进展[①]

《上海国际航运中心建设三年行动计划（2018—2020）》由上海市政府于2018年6月24日出台。该计划进一步明确了今后三年的工作目标和重点任务，是上海国际航运中心“十三五”规划的有效补充，充分体现了“一带一路”“长江经济带”“交通强国”“海洋强国”战略规划要求，将上海国际航空运输中心的建设任务与我国战略的实施计划紧密衔接起来，以上海市自贸试验区改革创新平台为依托，为航空运输的发展创造优良环境，将航空运输要素聚焦起来，为当地航空运输中心的辐射服务能力的加强起到一定促进作用。

洋山深水港区四期工程成功通过竣工验收，进一步提高了运营效率。上海国际航运中心洋山深水港区四期工程于2018年12月25日正式竣工，并且成功通过验收，码头的靠泊能力比之前有所加强，达到15万吨级。从自动化码头试运行到实现成熟运作过程中，码头的资源配置不断得到优化，产能大幅增加。码头每日吞吐量最高达到14451标准箱，为上海港全年集装箱吞吐量再创新高提供了硬件保障。

长江口南槽航道治理一期工程正式动工，长江口深水航道大型邮轮和大型集装箱船舶“超宽交会”实现常态化运行。长江口南槽航道治理一期工程于2018年12月29日正式开工建设，工程建成后，长江口将拥有主辅两条大型深水航道，有利于缓解现有航道的通行压力，提升长江口水道通行效率。长江口深水航道大型邮轮和大型集装箱船舶“超宽交会”于2018年12月1日成功完成试运行，正式进入常态化运行。自此，长江口深水航道大型邮轮与大型集装箱船舶（总宽度为80～90米）可以实现双向交会，大大提升了长江水运的通行效率。

新华—波罗的海国际航运中心发展指数于2018年7月10日发布，上海综合实力跃居第四位。指数结果显示，新加坡、香港、伦敦继续稳居全球国

---

① 《2018年上海航运中心建设十大事件》，新华网，2018年7月10日。

际航运中心前三位，上海超越汉堡跃至第四位（汉堡跌至第七位）。自2014年新华—波罗的海国际航运中心发展指数首次发布以来，上海排名从第七位一路攀升至第四位，标志着上海国际航运中心建设取得显著成果，显示了上海国际航运中心显著提升的航运软实力。

（三）舟山江海联运服务中心建设进展

舟山江海联运服务中心范围包括舟山群岛新区全域和宁波市北仑、镇海、江东、江北等区域，陆域面积约2500平方公里，海域面积约2.1万平方公里。近年来，舟山全方位加大交流合作力度，另辟蹊径地建立了“2+N”长江合作制度，实现了江海联运。在物流配送方面，全方位启动了与沿江钢厂进行合作的计划。与荷兰等港口就油品检测等业务建立合作关系，在全球范围内，向舟山中转货物的港口已达到180个以上。至2020年，该联动中心累计实现3.5亿吨江海联运量；至2030年，将全方位建成现代化的江海联运服务中心，成为全球核心大宗商品的交易中心。

2018年，宁波—舟山港年货物吞吐量再次达到10亿吨以上，仍维持着超级大港地位，吞吐量达到10亿吨以上，其他国家的港口则远远未能达到这一吞吐量，在全球范围内，这一港口的排名实现了“十连冠”。此外，年集装箱吞吐量首度达到2600万标准箱以上，首度进入国际港口排行榜前三。2018年，该港口累计拥有246条不同类型的航线，相较于2017年新增3条，其中有120条干线，在总航线中占比为50%左右。

作为我国第一艘河海直达集装箱船，“汉唐上海”轮于2018年6月19日14时50分靠泊，18时10分完成集装箱载作业，缓缓驶离码头，驶往苏州，开启我国第一段河海直达集装箱运输航程，也标志着中国江海联运开启新征程。2017年，交通运输部门出台了相关意见、规范以及配套的监督管理方案，为部分航线江海直达运输的发展提供有力支持。自新规出台以来，“汉唐上海”成为第一艘载箱量为124标准箱的河海直达集装箱船，集中投运洋山深水港至苏州航线。考虑到其靠泊时间较为短暂、运输高效的特点，海事部门积极探索目的性更为明确的监督管理方案，进而为江海直达运输发展起到一定促进作用，为上海成为全球领先的海空枢纽港提供有力支持。

宁波—舟山港北仑港区协和码头改建项目一期工程获市发改委和市交通运输委联合审查通过。该项目位于宁波—舟山港北仑核心港区，将原协和二线泊位改建成5万吨级油品化工泊位一座（泊位长度按同时靠泊3个2000吨级船舶设计），泊位总长度384米，码头设计通过能力195万吨/年。后方陆域用地面积269.82亩，拟建化工储罐57个，总库容22.9万立方米，罐区年周转量为84.7万吨/年，同时配套建设消防、环保、给排水、供电、通信控制、办公管理用房等设施，工程总投资约9.88亿元。

三　2018年长三角地区航空运输业运行情况

长三角地区经济较为发达，拥有比较成熟的基础条件。就航运而论，当前的市场发展、运输能力已具备良好根基，密集的机场群使得长三角的区域交通更加便利，城市群对内和对外的联通度都得到提升。长三角拥有23个机场，2018年旅客吞吐量达到了2.48亿人次。

从机场旅客吞吐量来看，2018年长三角23个机场民航机场旅客吞吐量为24826.76万人次，占全国的19.63%，比上年略有上升。全国年旅客吞吐量达到100万人次以上的通航机场有95个，长三角有18个，18个机场完成旅客吞吐量占长三角地区全部23个机场旅客吞吐量的98%以上；年旅客吞吐量达到1000万人次以上的机场有7个，完成旅客吞吐量占长三角地区全部23个机场旅客吞吐量的88%。由此可见，长三角地区主要旅客吞吐量仍然集中在上海、南京和杭州三个城市。借助于发达的地面交通网络，长三角地区的航空旅客基本在一小时车程左右就能到达机场。这种机场近邻、客源同体的客观现实致使长三角地区几乎每个机场的辐射范围都与周边机场有交叉，因而各机场在客源争夺上竞争激烈，中小机场被大机场边缘化的现象显著。

表 12　2018 年长三角地区各机场旅客吞吐量

单位：人次，%

机场	全国名次	旅客吞吐量	比上年同期	占长三角地区的比重	占全国的比重
全国		1264688737	10.2	—	100
长三角		248267550	10.4	100.00	19.63
上海—浦东	2	74006331	5.7	29.81	5.85
上海—虹桥	8	43628004	4.2	17.57	3.45
杭州—萧山	10	38241630	7.5	15.40	3.02
南京—禄口	11	28581546	10.7	11.51	2.26
宁波—栎社	33	11718416	24.8	4.72	0.93
温州—龙湾	36	11218701	20.8	4.52	0.89
合肥—新桥	37	11110596	21.5	4.48	0.88
无锡—硕放	43	7207529	7.8	2.90	0.57
常州—奔牛	50	3327722	32.6	1.34	0.26
南通—兴东	52	2771326	37.9	1.12	0.22
徐州—观音	54	2518799	31.4	1.01	0.20
扬州—泰州	57	2384382	29.8	0.96	0.19
盐城—南洋	68	1822173	39.8	0.73	0.14
义乌	72	1635673	26.3	0.66	0.13
淮安—涟水	75	1516272	17.9	0.61	0.12
连云港—白塔埠	76	1516195	38.7	0.61	0.12
舟山—普陀山	87	1209675	18.2	0.49	0.10
台州—路桥	91	1112199	35.3	0.45	0.09
阜阳	106	799575	31.1	0.32	0.06
黄山—屯溪	108	761230	4.9	0.31	0.06
安庆	134	477634	4	0.19	0.04
池州—九华山	136	450910	-5.1	0.18	0.04
衢州	166	251032	23.9	0.10	0.02

资料来源：中国民用航空局网站。

从机场货邮吞吐量来看，2018 年长三角 23 个机场民航机场旅客吞吐量为 569.17 万吨，占全国总吞吐量的 34%，较上年占比略有下降。2018 年全国各机场货邮吞吐量达到 10000 吨以上的有 53 个，其中长三角地区有 12 个，并且这 12 个机场完成货邮吞吐量占长三角地区全部机场货邮吞吐量的

99 %；上海浦东和虹桥两大机场货邮吞吐量占长三角地区全部机场货邮吞吐量的73%，占有绝对优势主导地位。

上海航空枢纽在作为国家代表参加全球一流航空枢纽竞争的同时，还应肩负着为民航强国战略的推行起到良好引领和支持作用、与港口共同发展的使命，将上海国际航运中心的支柱作用进一步扩大。为此，培育和提升核心竞争能力是上海航空枢纽建设的重中之重。同时，借助于高质量的外部资源与政策环境，借鉴相关成熟经验，力求拓展航空衍生功能，不断完善航运中心功能体系，促进上海国际航运中心转型发展，从而推动长三角地区机场群和城市群发展。

表 13　2018 年长三角地区各机场货邮吞吐量

单位：吨，%

机场	全国名次	货邮吞吐量	比上年同期	占长三角地区货邮吞吐量的比重	占全国货邮吞吐量的比重
全国	—	16740229. 1	7. 1	—	100
长三角	—	5691729. 6	0. 4	100. 00	34. 00
上海—浦东	1	3768572. 60	-1. 5	66. 21	22. 51
杭州—萧山	6	640896. 00	8. 7	11. 26	3. 83
上海—虹桥	9	407154. 60	-0. 1	7. 15	2. 43
南京—禄口	11	365054. 40	-2. 4	6. 41	2. 18
无锡—硕放	24	123818. 90	15. 1	2. 18	0. 74
宁波—栎社	28	105673. 20	-12. 3	1. 86	0. 63
温州—龙湾	32	80189. 50	6. 2	1. 41	0. 48
合肥—新桥	33	69787. 30	9. 8	1. 23	0. 42
南通—兴东	41	42989. 90	9	0. 76	0. 26
常州—奔牛	45	28170. 10	49. 3	0. 49	0. 17
扬州—泰州	52	11136. 80	18. 8	0. 2	0. 07
徐州—观音	53	10065. 70	9	0. 18	0. 06
义乌	55	8800. 10	28. 1	0. 15	0. 05
台州—路桥	61	7581. 40	10. 8	0. 13	0. 05
盐城—南洋	66	6587. 10	18. 9	0. 12	0. 04
淮安—涟水	68	6286. 00	25. 6	0. 11	0. 04
连云港—白塔埠	82	2906. 40	74. 8	0. 05	0. 02
黄山—屯溪	88	2250. 60	-1. 8	0. 04	0. 01

续表

机场	全国名次	货邮吞吐量	比上年同期	占长三角地区货邮吞吐量的比重	占全国货邮吞吐量的比重
安庆	93	1727.90	20.5	0.03	0.01
池州—九华山	123	834.7	104.4	0.01	0
衢州	128	750.2	24.6	0.01	0
阜阳	153	383.8	-28	0.01	0
舟山—普陀山	176	112.4	-42.9	0	0

资料来源：中国民用航空局网站。

从机场起降架次来看，2018年长三角23个机场民航机场起降架次191.47万次，占全国总起降架次的17.27%，较上年占比略有下降。2018年全国各机场起降架次超过10万次的机场有34个，其中长三角地区有4个，并且这4个机场完成起降1277326架次，占长三角地区全部机场起降架次的66.7%；上海浦东和虹桥两大机场起降771584架次，占长三角地区全部机场起降架次的40.3%，占据主导地位，但占比较往年有所下降。

表14　2018年长三角地区各机场起降架次

单位：%

机场	全国名次	本年起降架次	比上年增长	占长三角的比重	占全国的比重
全国	—	11088251	8.2	—	100.00
长三角	—	1914738	7.0	100.00	17.27
上海—浦东	2	504794	1.6	26.36	4.55
杭州—萧山	9	284893	5.1	14.88	2.57
上海—虹桥	10	266790	1.2	13.93	2.41
南京—禄口	11	220849	5.5	11.53	1.99
合肥—新桥	39	89005	16.7	4.65	0.8
温州—龙湾	40	86362	15.9	4.51	0.78
宁波—栎社	41	85434	16.6	4.46	0.77
无锡—硕放	54	56066	6.1	2.93	0.51
徐州—观音	58	51770	41.7	2.7	0.47
扬州—泰州	59	50590	-8.9	2.64	0.46

续表

机场	全国名次	本年起降架次	比上年增长	占长三角的比重	占全国的比重
常州—奔牛	61	45676	12.8	2.39	0.41
南通—兴东	70	33781	18	1.76	0.3
淮安—涟水	78	26082	69.5	1.36	0.24
舟山—普陀山	80	24542	9.6	1.28	0.22
盐城—南洋	98	16711	27.4	0.87	0.15
阜阳	100	15505	-8.6	0.81	0.14
连云港—白塔埠	104	14978	33.4	0.78	0.14
义乌	111	12558	14.4	0.66	0.11
台州—路桥	124	8268	28.1	0.43	0.07
黄山—屯溪	125	8206	1.8	0.43	0.07
安庆	152	4964	1.2	0.26	0.04
池州—九华山	154	4880	-10.1	0.25	0.04
衢州	196	2034	23.1	0.11	0.02

资料来源：中国民用航空局网站。

四　2019年交通运输业发展展望①

长三角区域一体化发展上升为国家战略，对交通运输发展是一把双刃剑，必须统筹全局、合理谋划。长三角地区现有的机场、港口、高铁和高速公路已基本形成了区域性快速交通骨干网络，但同一区域内规划统筹对接不足、中心城市内交通与综合交通枢纽之间衔接不顺、地区与地区之间铁路交通网密度差异较大等问题仍亟待解决。

上海应将“龙头”作用发挥出来，力求打造核心枢纽，将上海国际航空运输中心与长三角一流机场群有机结合起来，提升连接度，对核心交通基础设施进行高效统筹。全面强化机场群的联动作用，进一步加大与对外交通系统的衔接力度，加大集疏运通道容量的扩展力度，力求建立航空与铁路联

① 参考各省市2018年关于长三角基建政府工作报告。

合运输体系，并强化上海两大机场与周边机场的联动渠道。快速构建国际航空枢纽，以浦东国际为主、虹桥国际机场为辅，全方位为上海空域容量的扩大、结构的改善起到良好的推动作用，提升该航空枢纽的竞争实力，优化运营环境，使国际货物、旅客中转便利度持续提升。

江苏应以健全的运输方式为依托，充分利用区位优势建立国际运输大通道，在交通运输行业的引领下，为长三角地区的优质发展起到良好的推动作用，尽可能地将多种国家战略与江苏的区位优势叠加进而转变为交通优势，提升竞争力、发挥优势。快速构建连徐高铁，进一步加强陇海通道，力求实现传统的宁连通道的升级，使之成为国家级沿海通道支线，快速实现部分地域的交通连接。推进苏南沿江铁路建设工作，加强沿江通道建设工作，力求将该省原有的中轴通道打造成北京与上海通道并行的通道，建立复合通道，将长三角与北京、天津、河北地区紧密衔接起来。促进过江通道建设任务的快速完成，为中部以及北部地区与长三角核心区域的进一步联系提供有力支持。快速建设高级航道网络，省市共同快速疏通部分受阻航段，对碍航桥梁进行改造，全方位疏通内河水运核心通道，使内河航道网络达到千吨级别。快速推进示范工程建设工作，重点打造三大内河集装箱运输核心通道，使之得以进一步完善。全方位强化港口集疏运体系建设，快速推进核心港口的进港公路以及铁路建设，对海港作业区疏港航道的引入进行积极探索。

浙江省应将自身条件、本地优势作为切入点，快速形成嘉兴交通格局，建成长三角枢纽城市。将铁轨交通对接功能凸显出来，将上海、浙江城际轨道作为“一号工程”，为沪杭高铁、铁路、城际铁路、铁路等通道建设工作起到良好的促进作用，打造杭海城际铁路，对与沪平、金山、上海青浦等相连的通道进行积极谋划，建设运量较大的骨干通道。快速推进干线公路、高级公路的建设工作，快速建成大量省际“断头路”。使各种运输方式密切衔接起来，构建嘉兴军民合用机场，提升海河联合运输能力，构建立体综合交通体系，将各种交通方式有机结合起来，提升对接效率。

安徽省应把握长三角优质发展这一机遇，快速构建层次不一的交通网络，进一步扩大高速公路的容量，打造成熟的交通网络，快速畅通省际

“断头路”，为区域航运、港口运输的共同发展起到良好的推动作用，在长三角一带合力打造国际顶级机场群，建立“一干四支”的机场发展格局，将合肥新桥国际机场作为枢纽，为当代综合交通运输体系建设工作的全方位推进提供有力支撑。快速推进区域网络与机场的建设，积极推进高铁项目。为合安九等项目的建设起到良好的推动作用，连同江苏省，为合新高铁等项目的推进提供有力支持。全方位推进一些在建项目的建设，快速推进7个民航机场的前期建设工作。全方位推进未能与其他路网进行对接的省际公路的建设项目，尽早实现长三角一带省际“断头路”的疏通目标。为区域港航的协同发展起到良好的推动作用，快速推进高级航道网的建设工作，针对皖江段航道，与长航局合作，进一步实施引江济淮航空运输工程，快速推进部分通道、航道的整治工程。加强区域港口群合作提升，有效推进长江集装箱江海联运发展，积极构建与长三角港口的班轮航线网络。

Abstract

The Yangtze River Delta includes Shanghai, Jiangsu, Zhejiang and Anhui provinces and cities, with a permanent population of 220 million. It is an important engine of China's economic growth and plays an important role in China's economic and social development. On November 2018, when President Xi Jinping delivered a speech at the opening ceremony of the first China International Import fair, he said that he supported the development of the Yangtze River Delta regional integration and promoted it into a national strategy, focused on implementing the new development concept, building a modern economic system, deepening the reform at a higher starting point and opening to the outside world at a higher level. The exhibition, the development of the Yangtze River economic belt and the construction of Guangdong, Hong Kong and Macao Bay area should cooperate with each other to improve the spatial layout of China's reform and opening up. Becoming a national development strategy means that the integrated development of the Yangtze River Delta will open a new round of great development. Shanghai, Jiangsu, Zhejiang and Anhui will further deepen cooperation, and strive to build the Yangtze River Delta region into a strong and active growth pole for China's development, an Asia Pacific Gateway for global resource allocation, and a world-class city group with global competitiveness.

In the index section, the "Yangtze River Delta technological innovation driving force" index and the "Yangtze River Delta industrial transformation and upgrading" index are constructed. Based on the ahp-evm model, the "Yangtze River Delta technological innovation driving force" index sets the subjective and objective comprehensive index weight, and the comprehensive index of technological innovation driving force is obtained, including four special projects: technological innovation input, technological innovation carrier, technological innovation output and technological innovation performance. The index, as well as the scores of 10 secondary indicators, comprehensively and systematically evaluated the driving forces of scientific and technological innovation of 41 cities in the Yangtze River Delta. The "Yangtze River Delta industrial transformation and upgrading" index ranks each city's industrial transformation and upgrading comprehensive index and four sub areas of structural optimization, quality improvement, industrial innovation and environmental friendliness through the construction of industrial transformation and upgrading index system.

Based on the latest statistical data, this paper makes a comprehensive dynamic analysis on the operation of industries, agriculture, service industry, finance, digital economy and other major industries in the Yangtze River Delta in 2018, and forecasts the development of major industries in 2019 in combination with the domestic and foreign economic development environment and trend. Among them, the industrial development report pointed out that in 2018, industrial production in the Yangtze River Delta region grew steadily, industrial investment continued to pick up, industry segmentation differences were obvious, and the growth rate of total profits fell. In the service industry development report, it is pointed out that in 2018, the service industry in the Yangtze River Delta has achieved better and faster development, the proportion of service industry has been continuously increased, the growth rate of fixed asset investment has picked up, and the ability to promote employment has been further enhanced. According to the report on the development of financial industry in the Yangtze River Delta, the region has actively complied with the requirements of national policies, accelerated the pace of reform and innovation, and achieved steady development of the financial industry as a whole. According to the digital economy development report, the development of the Yangtze River Delta has a good traditional foundation in the basic part of the digital economy. In 2018, the electronic information industry in the region maintained a rapid growth rate of more than 10%; its contribution to economic growth is more prominent, and the proportion of the digital economy in GDP is more than 10%. According to the tourism development report, the Yangtze River Delta region has made good achievements in promoting regional tourism, rural tourism, red tourism, industrial tourism and other fields.

Keywords: Yangtze River Delta; Industry; Technological Innovation Driving Force; Industrial Transformation and Upgrading

Contents

Ⅰ General Report

Abstract: The Yangtze River Delta is one of the most economically developed and integrated regions in China. It plays an important strategic role in China's overall regional development. Based on the relevant data, this paper analyses the economic development of the Yangtze River Delta in 2018 from three aspects: general development, key industries and growth momentum. Based on the analysis of strategic opportunities and major challenges, it makes a brief outlook on the economic growth of the Yangtze River Delta in 2019. The main conclusions are as follows: In 2018, the economic growth rate in the Yangtze River Delta region continued to decline, but it was still higher than that of China and the world. The GDP of the region has exceeded 20 trillion RMB, and its share in China's total economic output is basically stable. The overall level of economic development is relatively high, but the regional gap is relatively large. The industrial structure has been steadily upgraded, and emerging industries play a more important role in promoting regional economy. However, there are obvious regional and industrial differences in the development of industrial base and key industries. The growth rate of investment, consumption and export all decreased, the pull power of demand was weakened, but its internal structure was gradually optimized. In 2019, the Yangtze River Delta region will not only face new strategic opportunities, but also more severe challenges. The downside risks of regional economy will increase.

Keywords: Yangtze River Delta; Economic Development; Industrial Development; Growth Momentum

Ⅱ Index Reports

Abstract: The evaluation index system of the driving force of technological innovation in Yangtze River Delta city is established. This system obtains the comprehensive index of the driving force of technological innovation, including four first-class indicators of technological innovation input, carrier, output and performance, which can be divided into ten second-class indicators, and the comprehensive index weights are set based on the AHP-EVM model. This article evaluates the driving force of technological innovation of the 41 cities in the Yangtze River Delta comprehensively and systematically, and focus on the top ten most innovative cities.

Keywords: Yangtze River Delta; Driving Force of Technological Innovation; Evaluation Index System; Urban Development

Abstract: This report provides a comprehensive evaluation of the industrial transformation and evolution of 41 cities in the Yangtze River Delta region in 2017. Through the construction of the industrial transformation and upgrading index system, the city's industrial transformation and upgrading comprehensive index and structural optimization, quality improvement, industrial innovation, and environmental friendliness are ranked. The top five cities in the Yangtze River Delta regional industrial transformation and upgrading index are: Shanghai, Nanjing, Suzhou, Hangzhou, Wuxi.

Keywords: Industrial Transformation and Evolution; Index System; Yangtze River Delta

Ⅲ Industry Reports

Abstract: The Yangtze River Delta region holds nearly 4. 1% of China's agricultural land and about 9. 3% of cultivated land, carrying more than 12. 7% of the country's agricultural population, investing 7. 9% of the country's agricultural investment, and producing 13. 7% of the country's agricultural value added in 2018. Compared with the planting industry, the fishery and service industry in the Yangtze River Delta region has a higher proportion in the country. It is the main producing area of rice, oil, tea, silkworm cocoons, citrus, cotton, camellia seed and aquatic products. From the perspective of land unit production, the yield of grain and rapeseed in the Yangtze River Delta region is significantly higher than the national average. From the perspective of development trends, the area of agricultural land in the Yangtze River Delta has shown a downward trend in recent years, and grain output continues to grow. The proportion of the employed population in the primary industry has been declining year by year. In 2017, the proportion of agricultural employment in the Yangtze River Delta to the national agricultural employment population was the same as that of the previous year, and the national share of its agricultural investment has increased. In 2018, the contribution of agriculture in the Yangtze River Delta to the national agricultural economy declined compared to the previous year. From the perspective of agricultural modernization, agricultural science and technology progress contribution rate in the Yangtze River Delta region is generally higher than the national average, and the overall mechanization level and facility level are generally higher too. In 2019, the provinces and cities in the Yangtze River Delta region will continue to implement the rural revitalization strategy, continue to promote Agricultural supply side reform, adhere to the green ecological orientation, accelerate the integration of rural primary and secondary industries, and promote the high quality development of agriculture.

Keywords: Agriculture; Modern Agriculture; Yangtze River Delta Region

B. 5 Report on the Industrial Development of the Yangtze River Delta (2018 –2019)

Fan Fuzhuo / 072

Abstract: In 2018, solid progress in various works has been made to ensure the high-quality development of industrial economy of the Yangtze River Delta, with steady growth in industrial production, a continues pick-up in the growth rate of industrial investment, an obvious development difference between industries, and a decline in total profit growth. The development of computer, communications and other electronic equipment manufacturing industry was quite different between member regions; the development of chemical raw materials and chemical products manufacturing industry was significant different between member regions; the development of electrical machinery and equipment manufacturing industry was different between member regions and automobile manufacturing industry maintained steady development. 2019 is an important year for the implementation of the 13th Five-Year plan, the industrial development of the Yangtze River Delta is facing a more complicated and severe situation. The Yangtze River Delta should take precise measures to promote steady and healthy development of industrial economy.

Keywords: Yangtze River Delta; Industry; Manufacture Industry

Abstract: In 2018, the integration of the Yangtze River Delta has risen to a national strategy. Under the continuous efforts of the three provinces and one city, the service industry has achieved better and faster development. The performance of the service industry continued to increase, the growth rate of fixed asset investment picked up, and the ability to promote employment was further enhanced. In terms of industries, the wholesale and retail industry, the real estate industry, the financial industry, the transportation, warehousing and postal industries, and the tourism industry all performed well, and various provinces and cities also showed different characteristics. Looking forward to 2019, from the perspective of the domestic and international development environment, there are still many complex uncertainties. The overall performance is both machine and challenge, and the future development of the service industry is still expected. The recovery of the manufacturing industry may have a certain impact on the proportion of the service industry, but the general trend of the overall industry shift from two to three will not change. With the strengthening of inter-regional cooperation, the new service industry of new modes and new formats will grow rapidly, and the division of labor across the regional industry chain of services will be further strengthened.

Keywords: Service Industry; The Integration of the Yangtze River Delta; Yangtze River Delta

Abstract: Chinese digital economy is developing rapidly, and the digital economy of the Yangtze River Delta is in the forefront of the whole country. In

2018, the total scale of the digital economy in the Yangtze River Delta reached 8.63 trillion yuan, accounting for 40.9% of the regional GDP and 27.6% of the national digital economy. Its growth was very obvious and the growth rate reached 18.3%. Generally speaking, the digital economy in the Yangtze River Delta had continued the rapid development momentum in 2017, and three of the four provinces ranked in the top 10 of the comprehensive index of national digital economy, and they were Jiangsu, Zhejiang and Shanghai. The development of the digital economic base part of the Yangtze River Delta based on a good traditional foundation. In 2018, the electronic information industry in the region maintained a rapid growth rate which is above 10 percent. The contribution to economic growth was very prominent, and the proportion of the digital economy in GDP was also more than 10 percent. From the integration of digital economy and industry, the proportion of industrial digitization in Yangtze River Delta was about 71.3%. Industrial digitization had developed significantly in retail, medical care, education, cultural travel and other fields. Looking forward to 2019, the scale of digital industry in Yangtze River Delta will continue to expand, and the industry will further concentrate and develop. The integration of digital industry and traditional industry will also be more and more in-depth. There will be more new forms of industry, the contribution to the national economy will be further highlighted, and the process of integration of the Yangtze River Delta will be further promoted.

Keywords: Digital Economy; Yangtze River Delta Region; the Integration of the Yangtze Rive

Abstract: In 2018, the financial development level of Yangtze River Delta increased slightly, the scale of social financing increased steadily, and the development level of insurance decreased slightly. The growth rate of bank deposit balance picked up, and the balance of loans grew rapidly. The number of listed companies and securities institutions increased, and the amount of securities financing and trading volume accounted for a large proportion of the country; Insurance business grew rapidly. Looking forward to 2019, the Yangtze river delta financial industry will adjust its business structure and asset structure, expand opening-up, strengthen the application of science and technology, promote market innovation, reduce and defuse financial risks, and promote the steady and healthy development of the financial industry.

Keywords: Financial; Financial Risks; The Yangtze River Delta

Abstract: The Yangtze River Delta with abundant tourism resources and convenient basic facility is one of the most important tourist destination and origin area in China. Promoting the integration and high-quality Development of culture and tourism industry in this area is an important catch in implementing the National Strategy of Yangtze River Delta integration, building world-class urban agglomerations as well as accelerating the integration process of the Yangtze River Delta. In the new era, tourism industry of this area has made remarkable achievements in the fields of in promoting global tourism, rural tourism, red tourism and industrial tourism, etc. But at the same time, there are still differences in the distribution of resources, operating performance, basic security and development environment among the whole area. According to this, this article puts forward the corresponding suggestions on further improving the institutional mechanism, deepening the regional cooperation, integrating culture and tourism, updating the products and pushing the safeguard measures in combination with the important development opportunities of the Yangtze River tourism belt.

Keywords: Integrated Development of Regional Tourism; Integration of Culture and Tourism; High Quality Development; Yangtze River Delta

Abstract: National industry parks are important engines and carriers of China's economic growth, industrial optimization and innovation development. This report systematically and comprehensively analyses the development level of national industry parks (economic and technological development zones and high-tech development zones) in the Yangtze River Delta region based on the scale of output value, industrial structure, revenue from finance and taxation, import and export, and innovation capability. Moreover, we rank these parks according to the evaluation results. This report can provide useful reference for the improvement and sustainable development of national industry parks in the Yangtze River Delta region.

Keywords: National Industry Parks; Yangtze River Delta Region; Comprehensive

Abstract: The regional integration of the Yangtze River Delta has risen to the national strategy in 2018. This region is one of the regions with the most active economic development, the highest degree of openness, and the strongest innovation capability in China. The transportation industry is the forerunner and basic industry in the composition of the national economy. The economic development of the Yangtze River Delta has brought more opportunities to the transportation industry. Based on the analysis of the latest data such as the traffic structure, traffic mileage, port cargo throughput and airport operation data of the Yangtze River Delta in 2018, and combined with the work report of the infrastructure government of the Yangtze River Delta, this paper puts forward reasonable prospects and Suggestions for the Yangtze River Delta transportation industry in 2019.

Keywords: Yangtze River Delta; Transportation Industry; Integration of the Yangtze River Delta

权威报告·一手数据·特色资源

皮书数据库

ANNUAL REPORT(YEARBOOK) DATABASE

当代中国经济与社会发展高端智库平台

所获荣誉

- 2016年，入选“‘十三五’国家重点电子出版物出版规划骨干工程”
- 2015年，荣获“搜索中国正能量 点赞2015”“创新中国科技创新奖”
- 2013年，荣获“中国出版政府奖·网络出版物奖”提名奖
- 连续多年荣获中国数字出版博览会“数字出版·优秀品牌”奖

成为会员

通过网址www.pishu.com.cn访问皮书数据库网站或下载皮书数据库APP，进行手机号码验证或邮箱验证即可成为皮书数据库会员。

会员福利

- 已注册用户购书后可免费获赠100元皮书数据库充值卡。刮开充值卡涂层获取充值密码，登录并进入“会员中心”—“在线充值”—“充值卡充值”，充值成功即可购买和查看数据库内容。
- 会员福利最终解释权归社会科学文献出版社所有。

数据库服务热线：400-008-6695
数据库服务QQ：2475522410
数据库服务邮箱：database@ssap.cn
图书销售热线：010-59367070/7028
图书服务QQ：1265056568
图书服务邮箱：duzhe@ssap.cn

社会科学文献出版社 SOCIAL SCIENCES ACADEMIC PRESS (CHINA) 皮书系列
卡号：368135668737
密码：

S 基本子库
UB DATABASE

中国社会发展数据库（下设 12 个子库）

全面整合国内外中国社会发展研究成果，汇聚独家统计数据、深度分析报告，涉及社会、人口、政治、教育、法律等 12 个领域，为了解中国社会发展动态、跟踪社会核心热点、分析社会发展趋势提供一站式资源搜索和数据分析与挖掘服务。

中国经济发展数据库（下设 12 个子库）

基于“皮书系列”中涉及中国经济发展的研究资料构建，内容涵盖宏观经济、农业经济、工业经济、产业经济等 12 个重点经济领域，为实时掌控经济运行态势、把握经济发展规律、洞察经济形势、进行经济决策提供参考和依据。

中国行业发展数据库（下设 17 个子库）

以中国国民经济行业分类为依据，覆盖金融业、旅游、医疗卫生、交通运输、能源矿产等 100 多个行业，跟踪分析国民经济相关行业市场运行状况和政策导向，汇集行业发展前沿资讯，为投资、从业及各种经济决策提供理论基础和实践指导。

中国区域发展数据库（下设 6 个子库）

对中国特定区域内的经济、社会、文化等领域现状与发展情况进行深度分析和预测，研究层级至县及县以下行政区，涉及地区、区域经济体、城市、农村等不同维度。为地方经济社会宏观态势研究、发展经验研究、案例分析提供数据服务。

中国文化传媒数据库（下设 18 个子库）

汇聚文化传媒领域专家观点、热点资讯，梳理国内外中国文化发展相关学术研究成果、一手统计数据，涵盖文化产业、新闻传播、电影娱乐、文学艺术、群众文化等 18 个重点研究领域。为文化传媒研究提供相关数据、研究报告和综合分析服务。

世界经济与国际关系数据库（下设 6 个子库）

立足“皮书系列”世界经济、国际关系相关学术资源，整合世界经济、国际政治、世界文化与科技、全球性问题、国际组织与国际法、区域研究 6 大领域研究成果，为世界经济与国际关系研究提供全方位数据分析，为决策和形势研判提供参考。

法律声明

“皮书系列”（含蓝皮书、绿皮书、黄皮书）之品牌由社会科学文献出版社最早使用并持续至今，现已被中国图书市场所熟知。“皮书系列”的相关商标已在中华人民共和国国家工商行政管理总局商标局注册，如LOGO（ ）、皮书、Pishu、经济蓝皮书、社会蓝皮书等。“皮书系列”图书的注册商标专用权及封面设计、版式设计的著作权均为社会科学文献出版社所有。未经社会科学文献出版社书面授权许可，任何使用与“皮书系列”图书注册商标、封面设计、版式设计相同或者近似的文字、图形或其组合的行为均系侵权行为。

经作者授权，本书的专有出版权及信息网络传播权等为社会科学文献出版社享有。未经社会科学文献出版社书面授权许可，任何就本书内容的复制、发行或以数字形式进行网络传播的行为均系侵权行为。

社会科学文献出版社将通过法律途径追究上述侵权行为的法律责任，维护自身合法权益。

欢迎社会各界人士对侵犯社会科学文献出版社上述权利的侵权行为进行举报。电话：010-59367121，电子邮箱：fawubu@ssap.cn。

社会科学文献出版社